最高の休日

世界の美しい都市

Best City Weekends

NATIONAL GEOGRAPHIC

緑豊かな先進都市

アムステルダム ▸22ページ

伝統的なカナルハウスが、運河に沿って立つ。
運河沿いを散策するのも、ボートに乗って
歴史ある建物を鑑賞するのも楽しい。

MAPICS/ GETTY IMAGES

活気を取り戻したかつての帝都

サンクトペテルブルク

▶78ページ

白と青が印象的な、バロック様式の美しいスモーリヌィ聖堂。
サンクトペテルブルクで有名な三つの聖堂のうちの一つ。

RUSM/ GETTY IMAGES

139 TL
SET

ビザンチン建築の宝庫
イスタンブール ▸47ページ

ビザンチン様式の歴史ある建物の中は、まるで迷宮のような巨大なグランドバザールだ。土産物を買うことはもちろん、チャイを飲んだり、ハマムに入ることもできる。

SIEGFRIED LAYDA/ GETTY IMAGES

最高の休日

世界の美しい都市

Best City Weekends

NATIONAL GEOGRAPHIC

Contents

世界の美しい都市

WORL'S BEST テーマ別ベスト

前見開き：ワシントンD.C.のポトマック川。
Susan Seubert
左写真：シカゴ、ミレニアムパーク。
José Fuste Raga / Corbis

ボストンのファニエルホールに、
夜遊び好きの人々が集まる。

ATLANTIDE PHOTOTRAVEL/CORBIS

都市の世紀

私たちは今、「都市の世紀」を生きているといわれている。長らく商業の中心であり、新しい物を次々と生み出してきた都市は、まさに世界を動かしているといえるだろう。その傾向はいよいよ顕著になっている。1900年に全人口の13パーセントにすぎなかった都市人口は、2050年までには75パーセント余りに達すると予想されている。

こうした中で生まれつつあるのが、人々を引きつける新しいタイプの都市だ。都市のサイズは様々だが、共通するのは、異質なものに寛容で住み心地がよく、住民の帰属意識が高いということ。その担い手は、都市経済学者リチャード・フロリダの言う新たな階級「クリエイティブ・クラス」の人々だ。一昔前ならサンフランシスコやロンドンやトロントといった大都市で職を得ていた人々が、今やどこかの地方都市で、芸術や建築をはじめとする創造的な仕事に携わり、街の発展に一役買っている。今後都市は、変貌し、道を模索し、過去を見つめ、未来図を描き、さらには新たに生まれることもあるだろう（中国では2025年までに新たに100都市が誕生予定）。これまで以上に、驚きと興奮とインスピレーションを与えてくれるに違いない。

都市はただ歩くだけでも面白い。かつてフランスの詩人シャルル・ボードレールは、「大都市はなんと不思議なもので満ちあふれていることか。とにかく目を見開いて街を歩いてみればいい」と書き記している。とはいえ、本書が目指すのは、ただ“歩く”だけではなく、各都市の見どころを“探索する”ことだ。そのため、都市でしか味わえない素晴らしい体験の数々を紹介している。マンハッタン、ローマ、パリといったおなじみの大都市はもちろん、ウィーン、プラハ、ヘルシンキ、チャールストンといった珠玉の小都市も取り上げる。散策にぴったりの庭園、歴史あるカフェ、街中のビーチ、一級の博物館、子供に人気のスポット、郷土料理を味わえる店といったとっておき情報はINSIDER TIPにまとめた。バンコクの水上バスや観光船、ブエノスアイレスのタンゴレッスン場、シカゴの人気オブジェ「クラウドゲート」、イスタンブールで最上のハマムなどなど、足を運んでみてはいかがだろう。遠出は二の足を踏むという方も、きっと身近な街を探検したくなるはずだ。

キース・ベローズ

「ナショナル ジオグラフィック トラベラー」編集長

シカゴ

素晴らしい建築、進取の精神に富んだ人々、フレンドリーな土地柄……。
「風の街」と呼ばれる米国中部の都市シカゴには、
どこにも劣らぬ魅力がある。

シカゴ美術館の歩道橋から、霧に包まれる高層ビル群を眺める。

MELISSA FARLOW/NATIONAL GEOGRAPHIC CREATIVE

遊び心たっぷりの公園

かつての鉄道操車場を再開発して誕生したミ**レニアムパーク**。大画面から噴き出す噴水、建築家フランク・ゲーリーのデザインした野外音楽堂、広々とした庭園で知られる。芸術家アニッシュ・カプーアの作品「クラウドゲート」の前でポーズをとるのをお忘れなく。その形状から“ザ・ビーン（豆）”という愛称で親しまれている巨大オブジェだ。「この前に立つと、どうやったら痩せて見えるか試さずにはいられませんよ」とラジオDJのピーター・セーガルは話す。

劇場の街

シカゴには、ブロードウェイ風の大劇場から座席数20ほどの実験的な劇場まで、大小200ほどの劇場がある。おすすめは、トニー賞を受賞したことのある**ステッペンウルフ・シアター**だ。主要メンバーにはジョン・マルコビッチなどが名を連ねる。シカゴ市民のもう一つの行きつけは**ルッキンググラス・シアター**。ウォータータワー向かいのポンプ局内にあり、独創的な作品を上演している。

サイクリングもよし、市電もよし

ネイビーピアにある「バイク・アンド・ロール・シカゴ」店で自転車を借り、街へ繰り出そう。出発点は砂浜の続くミシガン湖の湖畔。湖に沿った30キロほどの自転車道を南へ走ろう。“L”という愛称で親しまれる市電の高架鉄道もいい。車窓から街並みや歴史的な建物を眺められるのは、地下を走らないブラウンラインだ。リンカーンパーク周辺には、赤い砂岩のレンガで飾られたビクトリア様式の瀟洒な邸宅が並ぶ。

魅力的を増したシカゴ美術館

2009年、**シカゴ美術館**に新館が誕生した。イタリア人建築家レンゾ・ピアノが設計したこの新館には、現代美術が展示されている。印象派の豊富なコレクションが有名だが、あまり人気《ひとけ》のないセクションを覗いてみるのも面白い。マルク・シャガールのステンドグラスを発見したりできる。

ミレニアムパークの名物クラウドゲート。ステンレス製の表面にシカゴの摩天楼が映し出される。

西ループ地区にあるレストラン「セピア」。ただいまテーブルのセッティング中。

船で巡る名建築ツアー

1871年のシカゴ大火で焼け野原となった街は、先進的な建築家たちの手で再建された。定期的に運航されている**シカゴ建築財団**が主催するガイドの解説付きクルーズで、名だたる建築家が手がけた街並が見られる。

名物ピザに挑戦

シカゴといえば、分厚い「ディープディッシュピザ」。このピザを求めてやってくる観光客も多い。「ディープディッシュピザの店にはすべて行きましたけど、一番のおすすめは**ジノスイースト**ですね」と話すのは、シカゴに本社のあるチョコレートメーカー、ボージュ・オー・ショコラのオーナー、カトリーナ・マルコフ。「スウィートコーンミールを使ったクラストがおいしい」という。ジノスイーストは市内に数店舗あるが、ノースミシガン大通り東側、イーストスーペリア通りにある本店を訪ねよう。

ジャズを楽しむ

米国でジャズ文化が花開いたのは“騒乱の20年代”と呼ばれる1920年代。だが、シカゴではそれ以前からジャズが根付いており、ジャズクラブも存在した。その老舗中の

JOSE FUSTE RAGA/CORBIS (SCULPTURE), ANTHONY TAHLIER (TABLE)

ミレニアムパークのクラウンファウンテンで水遊びを楽しむ子どもたち。LEDを使った大画面には、1000人のシカゴ市民の顔が映し出される。

JEAN-MARC GIBOUX/GETTY IMAGES

老舗が**グリーンミル・カクテルラウンジ**。禁酒法時代に隠れ酒場だったこの店には、壁の装飾、木製のカウンター、年代物のレジなどが今も当時のまま残る。「全米一クールなジャズクラブ」とジャズミュージシャンのパトリシア・バーバーは話す。「店の地下には、禁酒法時代にアル・カポネの一味が使っていた秘密のトンネルもある」

ショッピング

ミシェル・オバマのドレスを手がけるデザイナー、マリア・ピントのおすすめは、市北側のノースセンター地区にある**ルルズ・アト・ザ・ベル・ケイ**。手頃なビンテージ物が充実している。Lに乗って出かけるなら、ブルーラインのデーメン駅で降りよう。家庭雑貨やレディースファッションが充実した「バレンシア・スタジオ・ブティック」や、小さな出版社の本を専門に扱う**クインビーズ・ブックストア**など、個性派の店が立ち並んでいる。

INSIDER TIP

ディープディッシュピザと並ぶシカゴ名物が、「イタリアンビーフ・サンドイッチ」。おすすめはテイラー通りの「アルズ本店」で、地元民のように立ったまま頬張るのも一興だ。

ショッピング街で有名なフロリダ通り。日が落ちた後も人波が途絶えない。ボカ地区のレストラン「ラ・バリカ」で客のためにタンゴを踊るダンサー（次ページ）。

ブエノスアイレス

アルゼンチンの歴史ある街、昼は石畳の通りでショッピング。
夜は南米一、粋な人々と夜明けまでタンゴを踊ろう。

日曜日はサンテルモ地区を散策

日曜日は早起きして、植民地時代の街並みが残る**サンテルモ地区**を散策しよう。デフェンサ通りの骨董品店が立ち並ぶ一画を過ぎると、ドレーゴ広場に着く。毎週日曜日には骨董市が開かれ、大勢の露天商、大道芸人で広場は祭りのような賑わいを見せる。

地元民と一緒にサッカー観戦

ブエノスアイレスの有名なサッカークラブといえばボカ・ジュニアーズ。地元で試合があるときは、**ラ・ボンボネーラ**の愛称で知られるスタジアム、エスタディオ・アルベルト・J・アルマンドに行ってみよう。4万9000人を収容するスタジアムがファンで埋まる。

ラテンアメリカ芸術を堪能する

パレルモ地区に、ガラス、鉄、砂岩を使用した外観が印象的な**ラテンアメリカ芸術博物館（MALBA）**がある。この美術館は、フリーダ・カーロ、ディエゴ・リベラ、ホルヘ・デ・ラ・ベガといったラテンアメリカの現代美術の作品で有名。南米大陸随一のコレクションを誇る。

炭火でグリルした野菜。アルゼンチンの代表的料理アサード（炭火焼の肉料理）の付け合わせだ（上写真）。プエルトマデーロ地区にある歩道橋「乙女の橋」。スペイン人建築家のサンティアゴ・カラトラバが手がけた（下写真）。

ショッピングはフロリダ通りで

デザイナーズ家具、服、美術品を扱うブティック巡りをするなら、**パレルモビエホ地区**とその隣の**パレルモソーホー地区**がおすすめだ。ダウンタウンのショッピング街であるフロリダ通りは、歩行者天国となっていて買い物客でにぎわう。アルゼンチン製レザーを使用したジャケット、ハンドバッグ、靴などが充実。「ナナ・ロウ」や「ラプソディア」といったアルゼンチンを代表するデザイナーの婦人服がお好みなら、専門店のあるラスカニータス地区に足を運ぼう。周辺にはカフェやバーやレストランも多い。買い物の途中で一息入れるのもいいだろう。

肉好きにはたまらない街

アルゼンチン人はステーキが大好きだ。草原地帯パンパで放牧された牛の肉は上質で、アルゼンチンの名産になっている。肉はパリージャという大きな炭火焼用グリルで焼く。地元で人気のレストランは、ボカ地区にある**エル・オブレロ**。店の奥にはボトルキープ用の棚があり、常連客のワインボトルが並ぶ。若者で賑わうラスカニータス地区の**エル・ポルトゲス**もおすすめ。ステーキが特

BOB KRIST (BRIDGE), MICHAEL AND JENNIFER LEWIS/NATIONAL GEOGRAPHIC CREATIVE (FOOD)

レコレータ墓地には、歴代大統領や元ファーストレディのエバ・ペロンなど、アルゼンチンの著名人が数多く眠っている。

RELIGIOUS IMAGES/UIG/GETTY IMAGES

大サイズで、4人で食べても一皿が食べきれないほどのボリュームだ。屋外にはテラス席もある。

アイスクリームを食べよう

ブエノスアイレス市民にとって、アイスクリームはなくてはならないものだ。その証拠に、街のいたるところに**エラデリア**（アイスクリーム店）がある。おすすめの店は、市内に数店舗ある「ペルシコ」。配達サービスもあり、滞在しているホテルまでドライアイスを詰めて届けてくれる。10種類以上のフレーバーから一つ選び、濃厚なキャラメルソース「ドゥルセ・デ・レチェ」とともに味わおう。

ブラボー！　コロン劇場

街の中心部サンニコラス地区にある7階建ての壮麗な建物が**コロン劇場**だ。ここで上演されるオペラやコンサートは必見。100年あまりの歴史を持つ劇場内部やリハーサル室などを見学できるツアーは毎日開催。

タンゴに挑戦

「ミロンガ」を訪れずにブエノスアイレスを去るなかれ。ミロンガとはタンゴのダンスホールのことで、地元の人たちが踊る姿を楽しめる。おすすめは2階建ての瀟洒な**コンフィテリア・イデアル**で、擦り減った大理石のダンスフロアとアールデコ調のシャンデリアが印象的だ。レッスン（日曜日以外）やダンスが毎日楽しめる。1階はカフェになっていて、正装したウェイターが銀のトレーで料理を運んでくれる。もう一軒のおすすめは、街の中心部にある**ヌエボ・サロン・ラ・アルゼンチーナ**。ダンスフロアは広く、その端に一段高くなったステージがあり、フロアの周囲はテーブル席になっている。タンゴに挑戦するもよし、生演奏に聴きほれるもよし。さらに、市の北西端にある「スンデルランド・クラブ」は、一昔前の雰囲気を味わえる。土曜日の夜、体育館のバスケットボールコートでテープレコーダーに合わせて体を動かす。翌朝5時まで一晩中ダンスを楽しめる。

エビータに会いにいこう

パレルモ地区にある20世紀の瀟洒な建物が、**エビータ博物館**だ。エビータの愛称で親しまれるアルゼンチンの元ファーストレディ、故エバ・ペロンを記念して建てられた。館内には、エビータの写真や記事、さらにはドレス、靴、香水、宝飾品といったゆかりの品々が展示されている。

INSIDER TIP　夕暮れ時に、納骨堂の立ち並ぶレコレータ墓地を訪れよう。長い影が落ち、エバ・ペロンも眠るこの墓地に霊気が立ち上る。

アムステルダム

オランダ最大の都市アムステルダムは、
ヨーロッパきっての先進的な国際都市だ。

CATHERINE KARNOW/NATIONAL GEOGRAPHIC CREATIVE

犬にも優しいノーデルマルクト広場。

フルンブルフワル運河から
眺める南教会。

運河を巡る

アムステルダムの**環状運河地区**の素晴らしさを味わうには、4本の主要な運河（シンゲル運河、ヘーレン運河、カイゼルス運河、プリンセン運河）を巡る遊覧船に乗ろう。船上から、17世紀に建てられた切妻造りのカナルハウスが見えるだろう。屋根に目をやれば、ミルクメイド（牛の乳しぼりを仕事にする女性）、男の人魚、白鳥、海の怪獣など石造りの装飾が楽しめる。

花の香りを楽しもう

シンゲル運河では一風変わった**水上の花市場**が開かれていて、係留されたボートの上で売り子が花を売っている。ありとあらゆる種類のチューリップが揃う。

アンネ・フランクの家は必見

フランク一家は、密告されてナチスに引き渡されるまでの2年間、この家の片隅を隠れ家にしていた。毎日大勢の観光客が訪れるにもかかわらず、若くして命を絶たれた少女がまだそこにいるかのような錯覚を覚える。2010年、新たに**ダイアリールーム**（日記帳の部屋）が設けられ、ベアトリクス女王のもとで落成式が行われた。赤と緑のチェック柄のアンネの日記帳が展示されている。

スパイ広場の秘密の庭園

スパイ広場周辺は、知的な雰囲気の漂う地区だ。アムステルダム大学が近く、周辺にはあちこちにカフェや本屋がある。中でも**アテネウム書店**は由緒ある本屋で、美術や歴史関係の本が充実している。この広場の意外な一面は、見落としてしまいそうな門をくぐった先に、広場の喧騒とは別世界の、静寂に包まれた庭園が存在することだ。庭を取り囲むように中世の家々が立ち並ぶこの一帯は**ベギンホフ**と呼ばれ、かつてアムステルダム市内の独身女性や未亡人たちが共同生活を送っていた。

オランダ商人の暮らしを覗いてみよう

近年、17世紀に建てられた豪商のカナルハウスが芸術家や建築家や文化史家らの手で修復され、**カナルハウス博物館**がオープンした。マルチメディアを駆使し、家や周囲の移り変わりを描きだす。壁には、アムステルダムの黄金期を生きたオランダ商人の姿が等身大で映し出される。

個性的なファッションの店が軒を連ねるアムステルダムは、歩くのが楽しい街だ。

ナインストリートでショッピング

主要な運河を結ぶ9本の石畳の小路には、アムステルダムで最も奇抜な専門店が立ち並ぶ。最新ファッションに敏感な地元民の行きつけは「マルフリーテ・ナニングス」で、紳士服と婦人服のブティックが隣り合っている。さらに、様々な色や柄を取り揃えた紳士服と靴の店**アドリアン**も人気が高い。第二次世界大戦の頃の義眼や額入りの昆虫標本など、一風変わった美術品や版画、剥製などを扱う店が**アザリスト**だ。

食べるならここ

おすすめはディランホテル内のレストラン**ビンケレス**。店内で目を引くのは、3基のレンガ造りのパン焼き窯だ。18世紀にはここで、貧民に配るパンを焼いていた。今、パンに代わってふるまわれるのは、ミシュランガイドで星を獲得したシェフのデニス・カウパースが作るアカザエビのローストやキジ胸肉のポーチドチキンなど。同じくカイゼルス運河沿いの店で、より気軽に立ち寄れるのが、**カフェワレム**。自称芸術家たちで賑わう店で、とろとろのヤギのチーズとパンの組み合わせが絶妙だ。さらに、ぜひ足を運んでほしいのがインドネシア料理の店。かつて植民地だったインドネシアの料理は、この地に深く根付いている。おすすめのレストランは**ロングプラ**。「ライスターフェル」と呼ばれるビュッフェ形式の料理を注文すれば、代表的なインドネシア料理を少量ずつ楽しめる。

INSIDER TIP

毎週土曜日の朝、ノーデルマルクト広場で開かれるファーマーズマーケットは地元の人々で賑わう。スペアタイヤにでも使えそうな大きな丸いゴーダチーズが有名だ。

HILDA ELISABETH AARDEMA/GETTY IMAGES (CHURCH AND SHOES); SISSE BRIMBERG AND COTTON COULSON, KEENPRESS (WOMEN)

プラハ

歴史の香り高いこの街の魅力は色褪せない。

旧市街広場

1000年の長きにわたり商業の中心であった旧市街広場は、周囲にゴシック様式やバロック様式など様々な様式の建物が立ち並び、ヨーロッパ随一の美しさを誇る。まずは**旧市庁舎**へ足を運ぼう。素晴らしい天文時計が正時ごとに鐘を鳴らして時を告げてくれる。双塔で知られるティーン教会を訪れるのは、夜がおすすめだ。ルネサンス様式の小さな家々の背後に、ライトアップされた教会が浮かび上がる。広場を歩くときは、足元の「Xマーク」に注意しよう。1621年、この地を征服しようと乗り込んできたオーストリアのハプスブルク軍は、27人のボヘミアの指導者を処刑した。その現場を示すのが、広場に描かれた27カ所のX（十字架）マークだ。プラハはその後、約300年間もオーストリアの支配下に置かれた。

ティーン教会のそびえたつ双塔。足元には旧市街広場の壮麗な家並みが広がる。

キュビズム博物館

1900年代初め、チェコのデザイナーたちは積極的にキュビズムを取り入れ、抑制のきいた美しさを持つ家具や家庭用品を生み出した。その波は建築界にも及び、キュビズム様式の建物が建てられた。その数少ない代表作の一つで、博物館にもなっているのが**黒い聖母の家**だ。独特の直線や鋭角のデザインは、装飾を凝らした周囲の建物の中でもひときわ目立つ。建物の2階は1910年代当時の姿を復元したカフェになっていて、セピア色の写真のような光景が広がる。

かつてのユダヤ人街

プラハにはかつてユダヤ人の一大ゲットーがあった。その名残で今も4つのシナゴーグ(礼拝所)が存在しており、それらを総称してユダヤ人博物館と呼んでいる。その一つ、ピンカスシナゴーグの壁には、ナチスに殺された約8万人のチェコ系ユダヤ人の名前が刻まれている。ここにはチェコ北部のテレジン強制収容所へ送られた子供たちが描いた絵も展示されており、涙を誘う。このシナゴーグの隣には**旧ユダヤ人墓地**がある。約350年にわたって使われたこの墓地には、様々な時代の墓石がひしめくように並んでいる。

「黄金の虎」でチェコビール

共産主義体制の崩壊は、昔ながらのビアホールには試練となった。競争に勝ち抜くため、"柄の悪い"馴染み客を締め出して、装いを新たにする店も多く現れた。そんな中、頑なに昔流儀を貫くありがたい存在が、「**ウ・ズラテーホ・ティグラ(黄金の虎)**」だ。店内は、これぞチェコのビアホールといった雰囲気が漂う。樽出しのチェコビール「ピルスナー・ウルケル」を味わうなら、ここが町一番との評判だ(料理のほうはもう一つ)。チェコを体表する20世紀の人気作家、ボフミル・フラバルもこの店の常連だったらしい。

カレル橋

プラハの観光名所であるカレル橋は、約600年前に作られたゴシック様式の石橋だ。橋の両側には、バロック様式の聖人像が15体ずつ並んでいる。最も新しい像は1930年代に作られた。橋の旧市街側が、右手にそびえるプラハ城を撮る絶好のスポット。この橋がユニークなのは聖人像のおかげだが、一つ一つの像はそれほど独創的なわけではない。目を引くのは、マラーストラナ地区側にある「マタの聖ヨハネとバロフの聖フェリックスおよび聖イワン像」だ。聖人たちの下で、キリスト教徒を見張っているのはトルコ人の牢番。この像が作られたのは、オスマントルコの大軍がオーストリアの首都ウィーンを包囲して間もない頃だという。

プラハでよく見かける操り人形。高貴な装いをしているものも(上写真)。ビアホール「ウ・チェルネホ・ボラ(黒い雄牛)」で味わえる、樽出しのピルスナー・ウルケル(下写真)。

聖ビート大聖堂を擁するプラハ城

おとぎの国のような明るさとフランツ・カフカの小説のような暗さをあわせもつこの城は、世界で最も大きい城の一つに数えられている。かつてはボヘミア王が住み、神聖ローマ皇帝ルドルフ2世の宮廷も置かれていた。人込みを避けるなら朝一番がおすすめ(開館は午前9時)。入場券売り場で**音声ガイド**を借りよう。

チェコ料理を堪能する

おすすめのレストランは「チェルニー・コホウト(黒いおんどり)」。ポルチーニ茸を添えた牛ヒレ肉や自家製クネドリーキ(小麦を蒸した主食)など、ボヘミアの郷土料理を味わえる。もっと気軽にチェコ料理を味わうなら、旧市街にある**コルコブナ**へ足を運ぼう。ピルスナー・ウルケルの醸造所が直営する庶民的なビアホールで、ビールも料理も味わい深い。定番は「コレノ」(豚のひざ肉を小さな串に刺したローストで、マスタードと西洋わさびをすりおろしたものにつけて食べる)、ローストポーク、クネドリーキなど。

INSIDER TIP 夕暮れ時にカレル橋を訪れよう。プラハ城の背後に日が沈みゆく姿は壮観そのもの。

SYLVAIN GRANDADAM/GETTY IMAGES (CHURCH), DANITA DELIMONT/GETTY IMAGES (PUPPETS), GUIDO COZZI/ATLANTIDE PHOTOTRAVEL/CORBIS (BEER)

歴史的な旧州議事堂と、ボストン・レッドソックスの本拠地フェンウェイパーク（右ページ）。どちらもボストンを愛する人々を引きつけてやまない。

JOHN KERNICK/NATIONAL GEOGRAPHIC CREATIVE (BUILDINGS), BRIAN DOBEN/NATIONAL GEOGRAPHIC CREATIVE (VENDOR)

ボストン

新たな公園や博物館が作られ、地域は活性化し、
豊かな食文化が花開く米国の古都ボストン。
一時衰退しかけたものの、一大港湾都市としての輝きを取り戻している。

フリーダムトレイルを歩く

街中どこでも目にするのが、歩道に描かれている赤い線。これは**フリーダムトレイル**と呼ばれる約4キロにわたる散策路で、赤い線をたどって歩きながら米国独立の歴史を知ることができる。ボストンコモン公園を出発し、ノースエンドのイタリア人街にあるオールドノース教会を仰ぎ見て、米国船コンスティチューション号へと向かおう。現在でも航行できる世界最古の軍艦だ。

新たなアートシーン

ホッパー、ルノアール、カサット、ターナー、モネといった有名画家の常設展示に加え、アジア美術の豊富なコレクションでも知られる**ボストン美術館**。市内ではこの10年間に美術館・博物館の増改築を行い、ボストン美術館にも新たに60ものギャラリーが誕生。また、アットホームな雰囲気の**イザベラ・スチュワート・ガードナー美術館**にも新館がオープン。イタリア人建築家レンゾ・ピアノが設計した新館は、従来のベネチア宮殿風の建物と好対照をなしている。

ボストンでの楽しみといえば、ランタンを手に歴史的な地区をめぐるコロニアルツアーや、洗練されたレストランでのひとときだ（左下写真）。

自転車で街へ繰り出そう

新しい自転車レンタルシステム「ハブウェイ」は、1日か3日のレンタルが選択できる。市内には80キロ以上に及ぶ自転車道路が整備されている。おすすめは景観設計の父と呼ばれるフレデリック・ロー・オルムステッドが設計した緑地帯を走るコース。緑豊かな公園が連なり、**エメラルドネックレス**と呼ばれる一帯を右へ左へと進んでいく。「SPOTCYCLE」というアプリをダウンロードすれば、近くのレンタル場所を調べられる。

グリーンウェイを散策

市の高速道路地下化プロジェクト「ビッグディッグ」の工事がついに完了した。市内の移動はスムーズになり、跡地には**ローズ・ケネディ・グリーンウェイ**が誕生した。この細長い緑地帯は、ノースエンドからダウンタウンの歴史地区やファニュエルホール周辺を結ぶ。随所に噴水や庭園があり、広い芝生でくつろぐこともできるおすすめの散歩コースだ。

植民地の愛国者気分を味わう

フォートポイント運河沿いにある**ボストン茶会事件船と博物館**を訪れよう。ボストン茶会事件の現場近くに建てられたこの博物館では、建物のすぐ横に2隻の木造船を模したレプリカも置かれていて、デッキの上から茶箱を投げ捨てる体験ができる。

最先端のフォートポイント地区

フォートポイント運河を挟んでダウンタウンと向かい合う地区が、倉庫を改装した最先端のショップやレストランなどが集まる**フォートポイント地区**だ。中でも個性的なのが**メイド・イン・フォートポイント**という店だ。地元の芸術家による絵や版画などを販売している。海沿いの遊歩道**ハーバーウォーク**を進むと、ボストン市民御用達のファッション専門店「ルイス」がある。マルニ、ジェイソン・ウー、プロエンザスクーラーといった有名ブランドから地元ブランドのエマーソンまで、様々なファッションを扱っている。土産物を探すなら、そこからほど近い**ボストン現代美術館**のミュージアムショップがおすすめだ。今はなきスポーツ施設ボストンガーデンの寄せ木細工の床を廃材利用して作ったカフスボタンや、地元アイスホッケーチームが使用していたパックで作ったカフスボタンなど、珍しい品が並んでいる。

食事はケンブリッジで

チャールズ川を越えて**ケンブリッジ**へ向かおう。大学街のこの地区はレストランも個性的で洗練されている。おすすめの店は**クレーギー・オン・メイン**。オーナーシェフのトニー・マーズは、肉の部位を余すところなく使う料理で知られている。また、現代風にアレンジした中華料理を出す**イースト・バイ・ノースイースト**にも足を運びたい。ケンブリッジ市民の元気の源、**フラワーベーカリー**も覗いてみよう。様々な創作サンドイッチやパイなどが楽しめる。アイスクリーム店**トスカニーニ**も忘れてはならない。焦がしキャラメルアイスクリームは、そのためだけに足を運ぶ価値がある。

INSIDER TIP

5月から10月までの毎日曜日、サウスエンドで開かれている「ソーワ・オープンマーケット」を覗いてみよう。美術品、骨董品、手作り食品が手頃な価格で手に入る。

JOHN KERNICK/NATIONAL GEOGRAPHIC CREATIVE (LANTERN AND SAILBOATS), BRIAN DOBEN/NATIONAL GEOGRAPHIC CREATIVE (DINERS)

ヨットを借りてチャー
ルズ川で遊ぼう。

ベルリンのランドマークは、歴史あるブランデンブルク門と近代建築物のベルリンテレビ塔（右ページ）だ。

MAREMAGNUM/GETTY IMAGES (GATE), MICHELE FALZONE/GETTY IMAGES (TOWER)

ベルリン

歴史を尊重しつつ、未来を見据えるドイツの首都。

壮大な中心部

第二次世界大戦後、廃墟と化していた中心の**ポツダム広場**には、現在、曲線を描くガラスと鋼鉄の斬新なビルが立ち並ぶ。SFに出てくるようなデザインの高層ビル、ソニーセンターにはベルリン国際映画博物館があり、特にマレーネ・ディートリッヒゆかりの品々は充実していて、筋金入りのファンでも満足するだろう。

古代からルネサンスまで

美術館を訪れるなら、**文化フォーラム**にある絵画館がおすすめだ。オランダやイタリアの巨匠のコレクションが充実している。絵画館を出たら北へ向かい、新古典主義建築のブランデンブルク門を通って、議会関連の建物が並ぶ洒落た大通りウンターデンリンデンを歩いていこう。シュプレー川にかかるバロック様式の橋を渡ると「博物館島」にたどり着く。古代の遺跡や美術品を展示するペルガモン博物館は必見。

ベルリンのシャンゼリゼ

クルフュルステンダム通りは、グッチのような高級ブランド店も安物の土産物店も区別なく並んでいる。嬉しいことに地元の優良店も見つけられる。ぬいぐるみを芸術品に引き上げた玩具店**シュタイフ**、ベルリン製の美しい陶磁器を売る「カーペーエム(KPM)」などだ。さらにこの通りの真価は、帽子店「シャポーフットモーデ・ベルリン」などのブティックが並ぶ横道にこそある。

ドイツ系ユダヤ人の歴史を知る

ベルリン・ユダヤ博物館は建築家ダニエル・リベスキンドが設計した、亜鉛の板で覆われジグザグに折れ曲がった建物だ。ドイツ系ユダヤ人の波乱の歴史を象徴したデザインだという。後にひどい嵐に見舞われることを知らないユダヤ人の家族が、小雪のちらつく中を幸せそうに動き回っている戦前の映像などが見られる。最も重要なのは「ホロコーストの塔」だ。この暗い小部屋には重苦しい沈黙が垂れ込めている。話すことなど何もないというように。

公園で過ごそう

中心部にある公園ティーアガルテンでは、ベルリンっ子が自転車に乗ったり、散歩や湖での遊泳を楽しんだりしている。ビアガーデン兼カフェからは小さな湖が見渡せる。公園を横切る「6月17日通り」では、週末に蚤《のみ》の市《いち》**ベルリンアートマーケット**が開催され、高級品からがらくたまで、ベルリンのアンティークを売る店が軒を連ねる。アールデコ調のタイルや、頬の赤いフンメル人形も見つけられるだろう。

ベルリンのボヘミアン地区

クロイツベルク地区には、活気に満ちたトルコの食品・雑貨店、ケバブ店、クラブ、ボヘミアンカフェなどが立ち並ぶ。「ここは第三のベルリンです」とドイツ生まれの通訳ヒンリッヒ・シュミット・ヘンケルは言う。「ここでは誰も、旧東ドイツと西ドイツの、どちらの出身かを尋ねません」

ベルリンで最高の食事

ウンターデンリンデンから数ブロック離れたところにある趣のある店「ボルヒャルト」では、中央ヨーロッパの伝統料理を今風にアレンジしたものを楽しむことができる。例えば、パン粉を付けてきつね色にかりっと焼いた、皿からはみ出さんばかりのウィンナーシュニッツェル。数ブロック先の**ルッター&ベグナー**は壁が華やかな絵で飾られていて、ワインリストが充実している(リースリングがおすすめ)。ショウガのきいた「ザウアーブラーテン」(マリネした肉の蒸し煮)が食べられる。

ベルリンは今や美食の街だ。

ナイトライフ　歓楽街から芸術鑑賞まで

最先端の流行りのクラブは、先週あった店がもうなくなっていることも多い。もう少し落ち着いた店をあげるとすれば、**バー・イエダーフェルヌンフト**だろう。キャバレースタイルの店で、有名なコメディ女優のクリスマスショーが催されることも。芸術鑑賞なら、音響の素晴らしいコンサートホール、ベルリンフィルハーモニーへ。「まさに民衆のための最初のコンサートホールです」とシュミット・ヘンケルは言う。「安い席でも舞台がよく見えますよ」

再建された連邦議会議事堂のガラスのドーム天井から、ろうと形の鏡のオブジェが伸びている。

INSIDER TIP　チリソースとカレー粉で味付けした豚のソーセージが「カレーブルスト」だ。ベルリンの人々の間ではどのスタンドのものが一番おいしいかが話題になっている。一番人気の店は「ビアースクーダム195」。

RAYMOND CHOO/NATIONAL GEOGRAPHIC MY SHOT (SCULPTURE), MALTE JÄGER/LAIF (FOOD)

WORLD'S BEST

芸術に憧れて

世界の8つの美術館

ルーブル美術館の来館者が大きな彫像のある広間で休憩する。

■ ウフィッツィ美術館

イタリア、フィレンツェ

ウフィッツィには世界屈指のルネサンス芸術が揃っている。数々のイタリアの秀逸な作品の他、レンブラント、ルーベンス、バン・ダイク等、ヨーロッパを代表する画家の作品が収蔵されている。廊下の天井のフレスコ画も見逃さないように。

■ アテネ国立考古学博物館

ギリシャ、アテネ

古典学者や美術品愛好家が真っ先に向かう考古遺物の宝庫、ギリシャ最大の博物館だ。1万1千点を超える展示品には、先史時代のフレスコ画や古代の彫刻等がある。数多く所蔵している紀元前11世紀の壺は、その高度な技術に目を見張るだろう。

■ プラド美術館

スペイン、マドリード

プラド美術館は、国立ソフィア王妃芸術センター、ティッセン・ボルネミッサ美術館という2つの優れた美術館と同じ大通りに面しており、中でもスペインの美術コレクションでは際立っている。代表的な所蔵作品にはベラスケスの「女官たち」、不安を掻き立てるようなゴヤの一連の作品「黒い絵」がある。

■ ルーブル美術館

フランス、パリ

古代エジプトから巨匠の作品まで揃った、世界有数のコレクションを見るため、観光客は早朝からガラスのピラミッドの前に列を作る。最近、きらきらと輝く天蓋のイスラム美術展示室が新しく加わった。

■ イザベラ・スチュアート・ガードナー美術館

米国マサチューセッツ州ボストン

ジェームズ・マクニール・ホイッスラーをはじめとする当時の著名画家と友人であったガードナーは1903年、自らが所有する、レンブラント、ティツィアーノ、ボッティチェリ、ドガ、サージェントといった画家の貴重なコレクションを公開した。建物自体も、15世紀のベネチアの宮殿を模して造られたものだ。

■ ハイ美術館

米国ジョージア州アトランタ

賑わうピーチツリー通り沿いでも見逃すことのない、極めて斬新な建物の美術館。世界を巡回する特別展示と、特に米国南部の民族色の強い常設展示がある。

■ ベジャス・アルテス宮殿

メキシコ、メキシコ市

豪華な建築もさることながら、随所に描かれたオロスコ、リベラ、タマヨ、シケイロスによる壁画や、ティファニーのガラスモザイクでできた緞帳などが見もの。鑑賞後は、噴水のある隣の公園を散歩するのがおすすめ。

■ ゲティ・センター

米国カリフォルニア州ロサンゼルス

山々、海、ハリウッドサインが眺望できる場所に立つ、リチャード・マイヤーが手掛けた美しい建物の中には、ヨーロッパと米国の絵画や彫刻、中世の書などが収蔵されている。

（文　エイミー・アリピオ）

SCOTT S. WARREN/NATIONAL GEOGRAPHIC CREATIVE

ハノイ

植民地時代の面影を色濃く残す街に、ずらりと並ぶ屋台。

JUSTIN GUARIGLIA (BRIDGE), JOERG MODROW/LAIF/REDUX (OPERA HOUSE)

ハノイ大劇場の前をバイクで通り過ぎる地元の人々（上写真）。ホアンキエム湖に架かる橋を渡る女性（左写真）。

国父を参拝する

現代のベトナムの礎を作ったホー・チ・ミンは、**バーディン広場**にある御影石とコンクリートでできた立派な霊廟のガラスの棺に安置されている。本人は火葬を望んでいたが、その意に反して、レーニンの遺体と同じ方法で保存されているのだ。この崇敬を集める指導者を参拝するには、朝7時前に着けば長々と待つことを避けられる。10月から11月は遺体をロシアに送ってメンテナンスするため霊廟は閉鎖するので注意。

ハノイのセントラルパーク

旧市街の中心にはヤナギに囲まれた**ホアンキエム湖**がある。湖の真ん中に「亀の塔」と呼ばれる塔が立っているのを知らせるかのように、大きなカメが泳ぎまわっている。早朝訪れると、ハノイの人々が太極拳をしているのを目にするだろう。赤い橋を渡って湖の北端にある島に行くと、こぢんまりした玉山（ゴックソン）祠堂が拝観できる。

悠久のオアシス

ホアンキム湖から西に2キロほどのところにある**文廟**《ぶんびょう》には5つの庭園があり、街中の閑静なオアシスとなっている。この孔子廟は1070年に建てられたものだ（ベトナムは1000年にわたり中国の支配下にあった）。官僚を育成する学校として始まり、ベトナム初の大学となった建物もある。敷地内に並ぶ、亀の台座に立てられた石板には科挙合格者の名前が刻まれていて、それをなでると試験に合格すると言われている。

圧巻の千手観音像

3階建ての**ベトナム国立美術博物館**には、仏教美術、伝統的な工芸品、絹絵や漆絵などを含む約2000点の美術品が展示されている。11世紀の千手観音像を見るだけでも、同館を訪れる価値はある。

旧市街で一杯

旧市街の雑踏に足を踏み入れてみよう。ここには宝石から楽器まで、様々なものを売る店が軒を連ねている。ハンガイ通りの**タンミー・デザイン**では、腕のいいお針子が絹の布地を洒落た洋服に仕立てて、凝った刺繍を施してくれる。買物をしてのどが乾いたら、タヒエン通りとルオンゴッククエン通りが交差する角に集まっているビールの店に行こう。十数円ほどの「ビアホイ」ビールでリフレッシュできる。

水上人形劇場へ行こう

水上人形劇は、11世紀に農家の雨期の娯楽として始まった。**タンロン水上人形劇場**では、人形遣いが、漆を塗った木製の人形を竹竿《たけざお》で操って浅い水の中で動かし、伝統的な物語を上演する。演目はホアンキム湖や、ハノイの興りにまつわる伝説などだ。

ハノイを味わい尽くす

屋台はハノイの食の中心だ。フォー（スープに入った米麺）、バインミー（サンドイッチ）、春巻きなど、ほとんどの屋台が、こうした料理のどれか一種類を専門に売っている。ハノイで必ず行くべき場所は**焼き鳥通り**と呼ばれている「リーバンフック通り」だ。多くの店が並び、たれを付けて焼いたジューシーな鶏肉に唐辛子を載せてライムを絞り、しゃきしゃきの漬け物を添えて食べる。フォーマルな食事をご希望ならば、ハノイには植民地時代の名残で一流のフレンチレストランが数軒ある。100年の歴史があるソフィテル・メトロポール・ホテルの中にある有名な**ル・ボリュー**では、伝統的なフランス料理に現地の材料を加えた「ロブスターテルミドール、ニャチャン風」が味わえる。

芸術家の苑

ベトナムの芸術家は、同時代の西洋美術の世界にも刺激を与えてきた。作品は木彫りや漆塗りといった伝統的な技法を用いたものが多く、生命力にあふれ、印象派を思わせる。作品の鑑賞や購入をしたい場合は旧市街の**マイギャラリー**やベトナムアートギャラリーを訪れるとよい。

草の根の文化

ベトナムには54の民族グループがあり、**ベトナム民族学博物館**は伝統工芸品を展示することで、民族文化の保存に努めている。伝統的なモン族の家のベトナムヒノキで葺《ふ》いた屋根などの建築様式も含まれる。また、バクニン省ドンホー村のドンホー版画も見ることができる。これは、縁起の良い図柄や民族に伝わる寓話が彫られたものだ。

首都の喧騒から逃れられる西（タイ）湖では、地元の人々が釣りや散歩を楽しんでいる。

JUSTON GUARIGLIA

INSIDER TIP ベトナムの牛肉入りスープ麺「フォーボー」は、朝食や遅い時間の夜食として、昔から食べられてきた。地元の一番人気店は「ザーチュエン」だ。

セントジョセフ教会の近くの路上カフェに集う若者たち（左上）。950年近い歴史がある文廟は、ベトナム初の大学が置かれた場所でもある（右上）。
赤い提灯は幸福と愛の象徴だ（右下）。ハノイにある多くの寺や塔の中でも、6世紀に建てられた鎮国（チャンコック）寺の塔は高くそびえ、際立っている（左下）。

JOERG MODROW/LAIF/REDUX (LANTERNS), JUSTIN GUARIGLIA (PEOPLE, DRAGON, AND TEMPLE)

垂涎の一皿

WORLD'S BEST

足を運ぶ価値のある、米国各地の名物

■ シュリンプ&グリッツ
サウスカロライナ州チャールストン
もともとは南部沿岸の漁師の食べ応えのある朝食だったが、今ではチャールストンのレストランの人気メニューだ。「ジェスティンズキッチン」では、ブラウングレービーソースをたっぷりかけて提供している。「ホミニーグリル」では、スモーキーなベーコンチップが散らしてあり、終日提供している。

■ チーズステーキサンドイッチ
ペンシルベニア州フィラデルフィア
刻んだリブアイにとろけたチーズをかけたおいしいチーズステーキの店の前には、いつも長い列ができている。「パッツ・キングオブステーキ」の店先には、「フィラデルフィアで最も古くから一番愛されてきた」と掲げられている。

■ ベニエ
ルイジアナ州ニューオーリンズ
ニューオーリンズで探すべきはドーナツではない。四角く成形して油で揚げた生地に粉砂糖をかけた、温かい菓子ベニエが名物だ。フレンチマーケットにある「カフェデュモンド」が地元の人気店。常連客は、ふわふわのベニエをチコリコーヒーに浸して食べる。

■ テクスメクス
テキサス州オースティン
テクスメクスを一言で言うと、スペイン、メキシコ、アメリカ大陸の食材と調理法が融合したものだ。チリレジェノスやフラウタスといった代表的な料理を楽しむなら、オースティンに昔からあるチェーン店「チュイズ」へ。1952年からテクスメクスを提供している家族経営の店「マッツ・エル・ランチョ」もおすすめだ。

■ チェリーパイ
ミシガン州トラバースシティ
パイに使われる酸味のあるサクランボは、ミシガンが米国一の産地だ。最初にここに定住した人々はフランスからサクランボの種を持ち込んだ。6種類のチェリーパイを提供する「グランドトラバース・パイカンパニー」の本店はダウンタウンから歩いてすぐ。

■ チリ
オハイオ州シンシナティ
米国のチリは場所によって特徴が異なる。テキサスのチリとは違って、シンシナティのチリは色が濃くて、やや汁気が多い。スパゲティにかけてチーズをトッピングするのがお決まりの食べ方だ。これを“スリー・ウェイ”という。シンシナティが発祥の地であるチェーン店「スカイラインチリ」では、レッドビーンズか玉ネギを加えて“フォー・ウェイ”で提供している。

■ チョッピーノ
カリフォルニア州サンフランシスコ
もともとは地元の漁師料理だったこの芳しい魚介のシチューは、カニ、エビ、ホタテ、ムール貝、白身魚を白ワインとトマトスープで煮込んだもの。ファイナンシャル・ディストリクトにある「タディッチグリル」では2012年に2万2000食を提供した。服に染みをつけないよう、エプロンを頼むとよい。

（文　ジョージ・W・ストーン）

19世紀から食されてきたサンフランシスコの看板料理チョッピーノ。

JOSEPH DE LEO/GETTY IMAGES

チャールストン

米国南東部、壮麗な邸宅が残る町に、一流のシェフが新たな輝きを加えている。

キョウチクトウの花が咲く
ザ・バッテリーの小道。

JOHN KERNICK

ザ・バッテリーを散歩しよう

チャールストン湾の半島の先を通る小道、ザ・バッテリーを散歩しながら、あたりの風景を眺めよう。この道に面している南北戦争以前の屋敷の多くは、18世紀の農園主が灼熱の内陸からの避暑地として建てたものだ。水上に向かって設置されている**ホワイトポイントガーデン**のカノン砲は、南北戦争時代のもの。ここは港の向こうの要塞から北軍がしかけてきた攻撃に対抗する最後の砦だったのだ。ここからは、1861年に南北戦争が始まった場所、**サムター要塞**が見える。

地元の店でショッピング

ショッピングの中心街であるキング通りではチェーンの小売店が幅を利かせているが、中には個人経営の優良店もある。例えば、シーピー・シェイズやゲイリー・グラハムといった流行の最先端の婦人服ブランドを扱うセレクトショップ、**ワースワイル**はその一つだ。通りの南寄りには、洋服屋、ギャラリー、アンティークショップなどがあり、2011年には**エアルーム・ブックショップ**がオープンした（現在はブロート通りへ移転）。料理本が充実した書店で、貴重な年代物が見つかる。南部の作家の作品を探すなら、**ブルーバイシクル・ブックス**へ。地元の作家ジョナサン・サンチェスがオーナーのこの書店は、迷路のような狭い裏通りにある。「多くの人はゆっくりと自分を取り戻すためにチャールストンを訪れる」とサンチェスは言う。「だから、マーガレット・ミッチェルのサイン入りの本や、小説『アラバマ物語』の古い一冊に出合うと、心底、感動するんだ」

奴隷の歴史を知る

キング通りの東に位置するフレンチクォーター地区の石畳の道にはかつて、奴隷を収容する建物が40以上並んでいた。**旧奴隷市場博物館**は、口承歴史の記録や手紙、手かせ足かせのほか、黒人の職人が鋳造した鉄製品などを展示し、チャールストンを南部随一の裕福な町にした奴隷貿易について詳しく伝えている。

幽霊に会いに

ホーリーシティには墓地がたくさんある。町の呼び名は空にそびえる多くの尖塔に由

JOHN KERNICK (RESTAURANT), KATE THORNTON (FOOD)

チャールストンは食の町だ。ビストロ「39リュードジャン」（左写真）ではフレンチを、「ハスク」では伝統料理シュリンプ&グリッツ（右写真）を楽しめる。

来するともいわれる。17世紀に建てられた**聖フィリップ教会**に隣接する墓地には、サルスベリの下にある石の地下聖堂に、チャールストン出身の著名人が埋葬されている。最年少の26歳で米国独立宣言に署名した州知事エドワード・ラトリッジもその一人だ。1987年にここで撮ったとされる写真の透けて見える人影は、スー・ハワード・ハーディという女性の幽霊だと信じられている。

INSIDER TIP 発展を続けるキャノンバラ・エリオバラ界隈を探検してみよう。創造力に富んだ起業家が独創的なブティックやスタイリッシュなカフェを開いている。

南部絵画に触れる

ボザール様式の建物、**ギブズ美術館**には米国南部の絵画が充実しており、この地域の動乱の歴史が見てとれる。アリス・レイブネル・ヒューガー・スミスの淡く美しい水彩の風景画は必見だ。零落した南部の栄華からインスピレーションを得て作品を生み出した画家の一人だ。

芸術祭スポレートを観る

春に開催される「スポレートUSA」の期間はわずか2週間（2014年は5月23日～6月8日）。規模が最適という理由で選ばれた人口12万ほどの都市チャールストンで開催されるこの祭りは、優れた舞台芸術を支援してきた。祭りの中心はなんといっても**ドックストリート・シアター**。スポレートの創始者であるイタリア出身のジャン・カルロ・メノッティが1977年に米国での開催地を探していたときに、目に留まった劇場だ。1736年建設の米国最初の劇場だ。

シーフードを味わおう

サウスカロライナ州のエビは他の州のものよりも塩分を含んでいて甘みがある。郊外のマウントプレザントにある**レック・オブ・ザ・リチャード・アンド・シャーリーン**では衣をつけてからっと揚げる。ショーン・ブロックがシェフを務める評判のレストラン**ハスク**では、豚のソーセージとともにグリッツの上に盛り付ける。冬は、地元の有名シェフであるマイク・ラタの新しいシーフードレストラン、**オーディナリー**の牡蠣を味わおう。ミニヨネットソースをつけて生で食べるか、焼いてハワイアンロールに巻いて食べる。

たそがれのセント・ミカエル・エピスコパル教会堂。

BOB SACHA/NATIONAL GEOGRAPHIC CREATIVE

ブリュッセル

新しい美術館、斬新なファッション、壮大な広場が訪れる者の目を奪う。

圧巻の広場、グランプラス

ルネサンス様式とバロック様式の建物に囲まれた**グランプラス**（世界遺産）と、15世紀に建てられた約96メートルの塔がある優美な市庁舎を見にいこう。17世紀のギルドハウスを飾る、ギリシャの神話の神々、鎧《よろい》をつけた騎士、天使、聖者なども必見。オープンカフェが並ぶ隣のイロサクレ地区にも立ち寄ってみよう。この地区は、もともとあったバターや肉、魚などの食材店の名が通りに付けられている、中世の迷路のような所だ。

蚤の市に行こう

買物袋を持って、ブラース通りの人込みに足を踏み入れ、**ジュドバル広場**に向かおう。ここでは種々雑多な“お宝”が売られている蚤《のみ》の市《いち》が、1870年代から毎日開かれている。そのあとは周辺のマロル地区の通りや骨董店を見て回ろう。

芸術の丘を登る

文字通り「芸術の丘」を意味するモンデザールには、たくさんの美術館が立ち並ぶ。2009年にオープンした**マグリット美術館**は、

壮麗な建物がそびえるブリュッセルの中央広場グランプラス。

FRANK SMOUT/GETTY IMAGES

ベルギー出身の画家ルネ・マグリットの生涯を、手紙、写真、初公開の絵画や素描を通して紹介している。隣接するベルギー王立美術館内の古典美術館は、ブリューゲルの名画を見るだけでも8ユーロの入場料を払う価値がある。音楽好きならば、楽器博物館に展示されている昔の楽器を見るのがおすすめだ。

ファッションの中心地を楽しもう

ダンサール通り界隈の石畳を歩くと、ブリュッセルの流行のファッションがヨーロッパから日本にいたるまで広く人々を引きつける理由が分かる。織物貿易の航路だった川に建てられた10世紀の要塞があった場所には今、デザイナーが集っている。多くは、ブリュッセルで評判の高いアートとファッションの学校、ラカンブルの卒業生だ。カラフルだがシンプルな「ザビエル・ルスト」の家具を探してみよう。また、「ニコラ・ウォイト」によるドレス、ベルギーの王室御用達デザイナーである「クリストフ・コパン」の最先端の帽子なども見ものだ。

上等なチョコレートが味わえる街

ブリュッセルのアップタウンとダウンタウンの境界に位置するサブロン地区は、アンティークショップとブリュッセル屈指のショコラティエがあることで有名な高級品エリアだ。100年の歴史をもつ老舗「ヴィタメール」のガナッシュの詰まったチョコレートを試し、それから道を渡って、かつて同店で修業した**ピエール・マルコリーニ**の素晴らしいトリュフチョコを賞味しよう。ステンドグラスが優美なサブロン教会では、日曜日の礼拝のために調律をしているオルガン奏者に出会えるかもしれない。この界隈に毎週末に出る露店でアンティークを探してみるのもいい。

のどが乾いたらひと休み

「エスタミネ」と呼ばれる小さなカフェに行こう。グランプラスの近くの小道を入ったところにある暗い、すすけた「リマージュノートルダム」には、目移りするほどたくさんの種類のビールがある。しっかりした味わいのトラピストビールや、「クリーク」という苦みのあるサクランボを混ぜたフルーツビールを試すなら、家族経営の**ラモールシュビト**へ。店名の意味は「突然の死」だ。

19世紀に建てられたガラス天井のロワイヤルギャルリー・サンチュベールは、最古の屋内ショッピングアーケードの一つ。カフェ、チョコレート店、高級ブティックが並ぶ。

JOE PATRONITE

ムール貝を味わう

ブリュッセルを代表する料理といえば、ムール貝だ。ブイヨンでゆでたムール貝にフライドポテトが添えてある。この料理を提供するレストランは数多くあり、店ごとの工夫がある。旧魚市場の近くの聖カトリーヌ教会の向かいにあるカフェ、**ラビレット**や**リュイトリエール**では様々なムール貝料理や伝統的なベルギー料理が味わえる。

INSIDER TIP おしゃれな人々が行き交うのを眺めて楽しむなら、エレガントなグランサブロン広場の「ヴィタメールカフェ」のテラス席で、ゴーフル・オー・シュークル（ワッフル）を食べながら。

広場は都市の魂

WORLD'S BEST

お祭りから抗議まで、すべてがここで行われる

■ ボージュ広場
フランス、パリ
もともと住宅地として計画されたパリ最古の広場。アーチ屋根のアーケードや調和のとれた赤レンガと石造りの建物が36戸、植木が美しく並ぶ公園を囲んでいる。この邸宅の住人には、作家ビクトル・ユゴーもいた。

■ カンポ広場
イタリア、シエナ
トスカーナの人々の中世の血が騒ぐ祭り「パリオ」。地区ごとの旗を掲げ、90秒ほどの競馬に熱狂する。夏に2回開催される（2013年は7月2日と8月16日だった）。パリオの期間以外は、放射状に煉瓦が敷き詰められたこの広場は、地元の人々の憩いの場や社交の場となる。

■ アルマス広場
ペルー、クスコ
始まりは12世紀に遡るこの広場は、1533年にフランシスコ・ピサロがペルーを征服した時に付けた名によって知られている。植民地時代に造られたアーケードや教会、大聖堂がクスコの中心をなしているが、礎となっている極めて緻密な石の土台はインカ帝国によって築かれたものだ。

■ 天安門広場
中国、北京
世界でも屈指の広さを誇る天安門広場は、皮肉にもその名に反して、1989年の武力弾圧で世界に知られることとなった。過去に悲惨な事件があったにもかかわらず、現在この広場では人々が凧を揚げ、太極拳をしている姿が見られる。

■ フェデレーション広場
オーストラリア、メルボルン
メルボルンで最も利用者の多い鉄道駅の近くにある、この新しい広場ができたのは2002年のこと。三角のパネルが特徴的な、人の目を釘付けにする派手な建物が有名だ。巨大なスクリーンは人気のスポーツイベントを映し、近くのイアンポッターセンターは最大のオーストラリア美術のコレクションを所蔵している。

■ イマーム広場
イラン、イスファハン
美しい青いタイル張りのミナレット、ドームがある壮大な2つのモスク、17世紀の宮殿がこの広場を彩る。金曜日にはイスラム教の信者が礼拝のために集う。隣接する巨大なバザールは、買い物に来る膨大な数の信者に応えるのに十分な規模だ。

■ グランプラス
ベルギー、ブリュッセル
広場に面して15世紀のゴシック様式の市庁舎がそびえ、その向かいにはブリュッセル市立博物館「王の家」が立つ。2年に1度の8月には、およそ300平方メートルに及ぶ、75万本近い色とりどりのベゴニアのフラワーカーペットがこの広場の真ん中を彩る。

■ ジャマエルフナ広場
モロッコ、マラケシュ
11世紀からずっと、地元の人々も旅行者も魅了してきたこの三角形の広場は、文化交流の中心だ。伝統医療の施術者や薬師が一日中集っている。夜には屋台が並んでグリルした魚などを売り、活気にあふれる。

（文　モニカ・ジョシー）

シエナのカンポ広場では、1656年から
パリオ競馬が行われてきた。

BUENA VISTA IMAGES/GETTY IMAGES

イスタンブール

ビザンチン建築のモスクとバザールが魅力のトルコ文化の中心地。

イスタンブールに近いベイオールのイスティクラル通りは多くの人で賑わう。

DAVE YODER

ブルーモスク

歴史地区の中心として名高いスルタンアフメット広場は、1609～16年にかけてスルタン・アフメット1世が**ブルーモスク**（スルタンアフメット・ジャーミー）を建てたのが始まりだ。建物の名がそのまま広場の名になった。壮麗なモスクにはイズニック製の青いタイルが2万枚以上使われている。西側から見る姿が最も美しい。

ハマムを体験

トルコの人々は、伝統的な浴場ハマムは心身ともに癒してくれると信じている。それを体感できるのが18世紀に造られた**ジャーロールハマム**。大理石の台に横たわってドーム状の天井を見上げれば、さながらパンテオンでサウナを楽しんでいるようだ。

ビザンチン建築の美

巨大なドームを戴く**アヤソフィア**はイスタンブールの変遷を象徴している。537年当初は世界最大の教会堂として献ぜられたが、その後1453年にはモスクとなり、現在は博物館だ。古代の姿を今に伝えているのだ。

ホテルの部屋の窓から眺める、6本の塔をもつイスタンブール
のブルーモスク。1609〜16年に建立された。

博物館で彫刻を見る

3つの博物館の複合施設である**考古学博物館**は、トプカプ宮殿の隣にあり、非常に多くの古代の彫刻を展示している。最も有名な展示品は、華麗な装飾の施された「アレクサンダー大王の石棺」だ。古代フェニキアの都市シドンの王アブダロニマスの埋葬のために用意されたといわれている。

スルタンの間

トプカプ宮殿はオスマン帝国のスルタンが居住した宮殿。スルタンのターバンをしまうためだけに造られた象眼細工のあずまやを含め、すべての建物、部屋の隅々までがきわめて精緻なタイル細工を施されている。

ショッピング

スルタンアフメット地区にある広大な**グランドバザール**は、世界初のショッピングモールと言っていい。推定5000ほどの店からなるビザンチン様式の迷宮は、これ自体が歴史的な建物だ。山積みの商品も、建物の純然たる美しさをかき消すことはない。ここは土産物を買うのに最適で、ベリーダンスの衣装から、トルコ菓子まで何でも揃う。手描きのタイルを求めるなら「CSイズニック・ニカエア・セラミックス」へ。刺繍入りの絹やウズベキスタンの木綿布なら「ドクトルアンティク」がおすすめ。

オルタキョイ広場は歩行者天国だ(上写真)。香辛料を売るエジプシャンバザールは、イスタンブールでグランドバザールに次いで広いマーケット(下写真)。

現代美術のオアシス

ベイオール地区に移り、**イスタンブール現代美術館**に行こう。倉庫を改装して2004年にオープンした、現代トルコ絵画専門の美術館だ。過去には、トルコの画家エロル・アクヤワシュの回顧展も開かれた。

絨緞《じゅうたん》を選ぶには

バザールで絨緞を買うのは、求愛に似ている。時間があり余っているなら話は別だが、価格が決まっているバザール近くの店を見るのが賢明だ。ハーミット・バルキルがオーナーの**モティフコレクション**では、遊牧民の物語が描かれた伝統の絨緞を扱っている。

撮影のベストスポット

グランドバザールよりもこぢんまりしていて気楽に寄れる**エジプシャンバザール**はボスポラス海峡の近く。ミント、クミン、パプリカ、茶などが山積みで売られている。

絶景を見ながら人気店で舌鼓

レストラン**ミクラ**からは、ライトアップされて夜空に浮かび上がるモスクの絶景を見られる。最上階にあるミクラは現代風の洒落た店で、フュージョンの曲が流れ、爪先まで手入れの行き届いた人々が集まっている。「ここに戻ってきたのは、エキゾチックな雰囲気

INSIDER TIP なめらかで、よくのびて、粘りがある「ドンドルマ」は新感覚のアイスクリームだ。「ミニドンドルマ」で売られているサワーチェリー味は、並んでも食べたい。

逆さまに置かれたメデューサの頭部は、6世紀に造られたイスタンブールの地下宮殿バシリカシスタンを訪れる人々を見つめている（上写真）。
イスタンブールの典型的な女人禁制のチャイハネ。友人同士が集まって小さなグラスに入ったアップルティーや紅茶を飲みながら、会話を楽しむ（下写真）。

に浸れるから。だけど旅慣れたトルコの若者は現代的な感覚も持ち合わせているのです」。フィンランド人とトルコ人の両親をもつシェフ、**メフメット・ギュルス**はそう話すあいだも手を休めず、チキンの胸肉のグリルと地元の食材ザクロとを盛り付けていく。

魚のグリルとケバブ

シーフードを食べるなら、ボスポラス海峡沿いに並ぶレストランのシンプルな魚のグリルがおすすめだ。トルコの料理といえばやはりケバブ。代表的な店が2軒ある。**ハムディ**では薄い生地のトルコ風ピザや野菜など「メゼ」と呼ばれる前菜の盛り合わせや、ピスタチオ入りのロール状のラムのグリルがおすすめ。食通が夕食のために足を運ぶのは**ベイティ**。空港近くの郊外にあるこの店では、ラム肉のケバブの盛り合わせが一押しだ。

DAVID YODER (SCULPTURE), DINA RUDICK, THE BOSTON GLOBE/GETTY IMAGES (MEN)

マドリード

芸術、タパス、ナイトライフが魅力のスペインの首都。

巨匠の作品に触れる

まずは、マドリードの中心にある**黄金の三角地帯**を訪ねてみよう。マドリードの主要な3つの美術館は徒歩圏内にまとまっていて、いずれも素晴らしい。プラド美術館にはベラスケスやゴヤの絵画、ソフィア王妃芸術センターには珠玉のモダンアートであるピカソの「ゲルニカ」、ティッセン・ボルネミッサ美術館にはフラ・アンジェリコやマルク・シャガールといった独特な絵画のコレクションがある。しかしコレクションがあまりに膨大なため、丸一日かけても巨匠たちの作品のほんの一部しか見られない。どれか一館に絞るのが賢明だ。例えば、プラド美術館の67番の展示室で、不安感に満ちたゴヤの「黒い絵」のシリーズを見るのは一案だ。

スペインのソーホー

サラマンカ地区の洗練された通りには、「プラダ」「マノロ・ブラニク」といったブランドショップが充実している。一方、カステリャーナ通りを挟んで反対側に位置する**サレーサス地区**は、どちらかといえばファンキー。ニューヨークでいえば、サラマンカが五番街、サレーサスはソーホーといったところだ。「テオレマ」はミマ・アネリがデザインする個性的なイブニングドレスを売る店だ。独創的なものから、とてもエレガントなものまで色々ある。「マイルーム・サパトス」は洒落た屋根裏部屋のような靴店で、3色のスエードのオ

壁にかけられた雄牛の頭が、「ラ・タウリナ」の店内を見下ろす。マドリードの伝統的なタパスバルだ。

美しい建築で有名なグランビア通りには、マドリードで指折りのブティックが集まっている。

ックスフォードシューズや毛皮の縁取りの付いたバッグを売っている。

歴史ある通りにできた新しい公園

2011年、マドリードリオが完成した。かつてマンサナレス川に沿って走っていた環状道路の跡地に散歩道として設けられた、約10キロメートルの長さの緑地帯だ。緑地沿いには、レンタサイクルや貸しカヤックが設けられていて、カフェもある。公園の東の端にある**マタデロ・マドリード**はおそらくマドリードで最も魅力ある文化施設だ。施設内の、かつて食肉処理場兼市場だったムーア産業ビルでは、アート作品の展示会が催されている。

INSIDER TIP
レアルマドリードの試合のチケットが手に入らなくても気落ちすることはない。チームの本拠地サンティアゴ・ベルナベウ・スタジアムのツアーに参加して、ベンチから写真を撮ろう。ツアーは毎日催行。

本場の料理で食事

人々の好みの変化とスペインの経済危機によって、スペインの一流シェフの多くが、高級なディナーに代わるものを追求してきた。フェラン・アドリアのもとで修業したパコ・ロンセロが経営する**エスタードプーロ**は中でも頑張っている店の一つだ。店内の装飾が美しく、ペイネタと呼ばれるフラメンコの櫛が壁や天井を飾っている。タパスも美味だ。さくさくのタラのフリッターなど伝統的な料理の盛り合わせや、もう少し今風のものでは、飴色タマネギを添えた絶品の小ぶりなハンバーガーがランチに最適だ。小ぢんまりとした店、**ラ・タスキータ・デ・エンフレンテ**ではシェフのホアンホ・ロペスが最高の材料を丁寧に調理する。涙の粒ほどの小さな豆をさっとゆでて甘みを出したり、魚の切り身の表面をかりっと焼いてから、焦がしバターとケッパーのソースをかけたりする。シーフードのパエリアなどの伝統料理を楽しみたければ、闘牛をテーマにしたレストラン「ラ・タウリナ」は外せない。イベリコハム、

TINO SORIANO, NATIONAL GEOGRAPHIC CREATIVE (RESTAURANT, PRECEEDING PAGE), PVICENS/GETTY IMAGES (STREET)

オリーブ、スペインのチーズを試したければ、**サンミゲル市場**に行ってみよう。

ナイトライフ

マドリードはナイトライフで有名で、**チュエカ**や**マラサーニャ**周辺がその中心だ。地元で有名なゾンビキッズが経営している流行の「ゾンビバル」には独創的な音楽が流れる。キッチュな装飾の「タッパーウェアクラブ」は保守的な人々に愛されてきた店だ。「エルフンコ」はゆったりした親しみやすいジャズクラブ。毎晩多くのファンが生演奏を聴きにくる。夜の終わりには、マドリードっ子にならって砂糖をまぶしたチュロスとホットチョコレートを24時間営業の「チョコラテリア・サンヒネス」で。ちょうど日が昇る頃が地元流だ。

サンミゲル市場で売っているタパス。33軒の店が地元の食べ物を売っている。

夜景を眺めながら寝酒の一杯

比較的早めの時間なら（閉店は午前2時）、凝った装飾が施された**シベレス宮殿**の最上階のテラスに行くと、素晴らしい夜景を眺めながらカバが飲める。もっと遅い時間まで開いているところなら、マドリードの洗練された人々がジントニックを飲みに集まってくる「ラムセス」。独立広場のアルカラ門を見下ろすテラス席と、フィリップ・スタルクの設計したバロック様式の店内席とがある。

プラド美術館のピーテル・パウル・ルーベンスのコレクションルームで模写をしている。

TINO SORIANO, NATIONAL GEOGRAPHIC CREATIVE (PAINTINGS),
LORI EPSTEIN, NATIONAL GEOGRAPHIC CREATIVE (FOOD)

バンコク

「天使の街」と呼ばれるタイの首都は、都会の冒険であふれている。

サフラン色の僧衣をまとった修行僧がワット・インタラウィハーン寺院の大仏立像を拝む。

バンコクには多くの寺がある。僧侶は大きな僧院に住み、毎日祈りや地域への奉仕といった勤めを行う。

歴代の王の住まいを訪ねる

タイのプミポン・アドゥンヤデート国王は現在**チットラダー宮殿**に住んでいる。20世紀半ばまで、すなわち先代までの歴代の国王が住んでいたのは、中心に位置する「王宮」だった。王族の華やかな世界を垣間見ることのできる王宮は、伝統的なタイの建築様式と19世紀のボザール様式が融合した建物だ。エメラルド仏が置かれている有名なワット・プラケオは王宮の敷地内にあり、回廊に沿って178の壁画がある。昔のインドの訓話のタイ版、「ラーマキエン物語」を描いたものだ。「ここの壁画は、タイ中の壁画に精神的、様式的な影響を与えています」と芸術家のタムヌ・ハリピタークは言う。バンコクの200周年記念行事にあたり、ワット・プラケオの壁画の修復に携わった芸術家だ。「壁画はタイの現代アートにも影響を及ぼしていますよ」

市場で掘り出し物を探す

約10万平方メートルにおよそ9000軒の店が並ぶ**チャトゥチャック・ウィークエンドマーケット**では、タイの生活様式や文化に触れることができる。ここでは、珍しい本、骨董、アジアの派手な雑貨、タイのデザイナーの洋服、仏教芸術の他、誰かの家から持ってきたようなものまでが売られている。マーケットを歩くなら、カラフルなレーンごとのガイドが載っている、「ナンシー・チャンドラーの地図」を手に入れよう。

川を利用しよう

水上バスや遊覧船を利用すれば、バンコクのほとんどの観光名所の近くまで行くことができる。しかもクローン（運河）沿いの人々の生活を垣間見たり、船を停めてキャンドルの灯りで夕食を楽しんだりすることもできる。**ノーイ運河**ツアーに参加すれば、チーク材の古い家や、ラン栽培農家、近隣の寺を見て回れる。

ワットでのんびりしよう

多くの仏像のある**ワット・ポー**にはタイ随一の薬とマッサージの学校がある。敷地内の東の端には、驚くほど当たるという占い師がたくさんいる。

GAVIN HELLIER, CORBIS (STATUE, PRECEDING PAGE); WEERAKARN SATITNIRAMAI/GETTY IMAGES (TEMPLE)

復活したタイの芸術を観る

名前からはあまり伝統的な印象を受けないが、2012年に川沿いにできた複合施設アジアティークに移転した**ジョー・ルイス・シアター**は、バンコクで唯一、タイの伝統的な古典人形劇を見ることができる劇場だ。黒い服を着た団員が舞台に立ち、きらびやかな衣装の90センチほどの人形を操る。

水上マーケットに行こう

アムパワー水上マーケットはバンコクの南西約80キロメートルの**ワット・アムパワン**の前にある。ダムヌンサドゥアック水上マーケットほど有名ではないが、その分、観光地化されていないのでおすすめだ。マーケットの営業は金曜から日曜までの正午から夜8時まで。おすすめは「パートンコー」(中国風ドーナツ)と「オースワン」(牡蠣のオムレツ)。船の上で調理してくれる。

国内随一の博物館をじっくり見よう

バンコク国立博物館の多彩なコレクションには、金製品、絵画、真珠貝細工、ほうろう製品、楽器、木彫り、織物、陶磁器、家具、昔の武器、王冠、石碑などがある。

王室御座船を見に行く

プラ・アーティット・ピアの乗り場からエクスプレス・ボートに乗って、ノーイ運河まで行き、**王室御座船国立博物館**へ行こう。今でもチャオプラヤー川での王のパレードで使われている、優美な木の船を見ることができる。金色の白鳥を意味する名前の「スパンナホン」という一番大きい船が王個人の御座船で、複雑な彫刻が施されている。航行には54人の漕ぎ手が必要だ。

飲みに行くなら

63階建ての**ステートタワー**の屋上にあるオープンエアの「シロッコ」は間違いなくバンコクのランドマークの一つだ。輝く円形の天空のバーでカクテルを飲めば、360度の眺望を楽しむことができる。ただしドレスコードが厳格。明るいうちに街を眺めるには夕方早めに行くといい。

INSIDER TIP ドアなしのトゥクトゥクは伝統的な乗物だが、大気汚染と「観光客運賃」を考えると、安くてクーラーのきいたタクシーの方がおすすめだ。

いかにもバンコクらしいものといえば、西部の村にあるダムヌンサドゥアック水上マーケット(上写真)と街中を走る三輪タクシー「トゥクトゥク」(下写真)だ。

BRUNO MORANDI/GETTY IMAGES (FLOATING MARKET); CHRISTOPH WILHELM/GETTY IMAGES (TAXI)

文学の都

文学の伝統が礎となり都市を輝かせている

■ **スコットランド、エディンバラ**
趣のあるこの街では、500以上の小説が生まれ、18世紀の詩人ロバート・バーンズの詩を始めとして、イアン・ランキンやアレグザンダー・マッコール・スミスといった現代の作家に至るまで、文学の伝統が脈々と息づいてきた。手軽なものとしてはパブ巡りツアーがある。徒歩で巡るのと乗物で巡る2種類があり、ランキンの「リーバス警部」シリーズ、アービン・ウェルシュの『トレインスポッティング』といった小説ゆかりの場所を案内してくれる。

■ **アイルランド、ダブリン**
ここアイルランドの首都では、書物はギネスビールのごとく賛美される。ダブリン文学パブ巡りのツアーでは、陽気なガイドが演技を交えながら、ジェイムズ・ジョイスといった作家が構想を練ってインスピレーションを得たパブで楽しい話を聞かせてくれる。ダブリン作家記念館では、アイルランドの詩とケルト人の口承文学に起源をもつ、アイルランド文学の多岐にわたる遺産を紹介している。

■ **スウェーデン、ストックホルム**
100年余り前、発明家アルフレッド・ノーベルがノーベル賞を設立したことにより、ストックホルムは世界の文学においても重要な地となった。この時から、作家の偉業が、科学や平和運動家の偉業と並んで称えられることとなったのだ。市庁舎へ行ってみよう。12月のノーベル賞授賞式の会場であり、それ自体が歴史的な価値のある建築物だ。ストックホルム市立博物館が主催しているガイド付きの「ミレニアムツアー」では、スティーグ・ラーソンのベストセラーミステリー小説『ドラゴン・タトゥーの女』シリーズの舞台となった場所を巡ることができる。タトゥーのあるコンピューターハッカー、リスベット・ランデルが登場する前は、スウェーデンで最も有名な物語の中の少女といえば、元気いっぱいの「長くつ下のピッピ」だった。作者のアストリッド・リンドグレーンを称える像が、テグネルルンデン公園にある。

■ **チリ、サンティアゴ**
国民的詩人として崇められているパブロ・ネルーダはロマンチックな作風で知られ、「ラチャスコーナ」と呼ばれる彼の家で、愛人と秘密の逢瀬を重ねていた。明るい青と黄色のその家は、ベラビスタの丘の上にある。チリにはもう一人ノーベル賞を受賞した詩人、ガブリエラ・ミストラルがいる。サンタルチアの丘の公園にある手の込んだ壁画は、その功績を称えるものだ。

■ **米国、ワシントンD.C.**
米国の首都ゆかりの文学について知るには、1800年に設立され、現在でも世界最大の規模を誇る議会図書館に行こう。無料のガイド付きツアーに参加すれば、壮大な建物である図書館の文学上および建築上の重要性を理解するとともに、閲覧室の豊かなステンドグラスと大理石、壁画を見ることができる。詩人協会の主催する無料の音声案内付き徒歩ツアーは、ウォルト・ホイットマン、ラングストン・ヒューズら、この地でインスピレーションを得た詩人たちのゆかりの地を巡る。

（文　ジェナ・シュヌーア）

カフェは昔から人気の読書スポットだ。

AURELIE AND MORGAN DAVID DE LOSSY/GETTY IMAGES

車両の波が1844年に建てられた旧王立取引所の脇を通り過ぎる。かつてのロンドンの金融の中心だった取引所は今、ショッピングセンターになっている。

ロンドン

新しいスカイラインと地域の再興で生まれ変わる街。

TERUO SAEGUSA/SEBUN PHOTO/AMANAIMAGES

見逃せない眺望

英国の首都にそびえるチーズグレーター、ガーキン、ウォーキートーキーなどの高層ビル群に、最近、異彩を放つ**ザ・シャード**が加わった。レンゾ・ピアノが設計した高さ約310メートルの三角のタワーは、2013年のオープン時点でEU随一の高さを誇っている。68階、69階、72階の屋外展望台からは眺望を楽しめる。

ロンドンの歴史を探る

ロンドン博物館には、最古の1550年代のものを含む、ロンドンの地図の印刷原版が所蔵されている。また、婦人参政権運動の横断幕からパンクの衣装まで、ロンドンの革命精神を反映する展示品を揃えている。

レンタサイクルで節約

賢いロンドンっ子は法外な運賃の地下鉄やタクシーを使わず、颯爽と**ボリスバイク**に乗る。お騒がせなロンドンの市長ボリス・ジョンソンのニックネームが付けられたこのレンタサイクルは、ロンドン中心部に設けられた各ステーションで乗り降りできる。ステーションは周辺地域にも拡大中だ。2ポンドの基本料金を払えば24時間何度でも乗り降りできる。1回の乗車が30分までなら、追加料金は生じない。

テムズ川を見下ろす大観覧車ロンドンアイに乗ると、ウエストミンスター寺院やビッグベンを眼下に見下ろせる。

劇場に行こう

2012年に30周年を迎えたバービカンセンターは、演劇、ダンス、映画、音楽が上演される文化施設だ。それだけでなく2000種の植物が植わる温室や、無料で使える稽古用のピアノのある図書館などがある。ショーやカクテルが楽しめる**バービカンラウンジ**からは、詩人ジョン・ミルトンが埋葬されている中世のセントジャイルズ・クリップルゲート教会が見える。

聖堂で聴く聖歌

セントポール大聖堂は15年間の修復を終えて、綺麗になった。教会が開いている間は、自由に入ることができる。毎日午後行われる**夕べの祈り**では、男声の聖歌隊が大聖堂を荘厳な音楽で満たす。

テートを見学する

毎年500万人以上が訪れる**テートモダン**は、使われなくなった発電所を現代アートの発信の場に変えた美術館だ。この天井の高い発電所跡の建物にはマーク・ロスコ、ゲルハルト・リヒター、ワシリー・カンディンスキーといった人気ある画家の作品が収蔵されている。ロンドンの他のほとんどの公立の美術館同様、常設展は入場無料。特別展は別途入場料がかかる。

植物園を空中散策

何千もの植物がある約132万平方メートルの**キューガーデン**に行くと、生物多様性を肌で感じることができる。地上約18メートルにあるエクストラータ樹上遊歩道を歩くと、目もくらむような高さから木々に息づく生命を見ることができ、子供も楽しめる。うねった金属製の遊歩道は、木々の間から見える大観覧車ロンドンアイと同じ建築家によるデザインだ。

バーモンジー通りは必見

かつては食品加工工場が密集していたためにロンドンの食品庫として知られていたこの通りは、今では活気に満ち、ブティックが立ち並んでいる。その歴史的な重要性から法律によって保全されている。通りの中ほどには**ファッション&テキスタイル博物館**があり、通りの南端では金曜日の朝にバーモンジー広場骨董市が開かれる。

ソーホーでお茶を

香りに誘われた先にはソーホーの**シークレ**

ロンドンで見つけた英国調のデザインは、ブルドッグの柄のクッション（左写真）と守衛の制服の凝ったエンブレム（右写真）。

S GREG PANOSIAN/GETTY IMAGES (FERRIS WHEEL), CATHERINE KARNOW (DOG AND BEEFEATER)

切符売場の面影を残すセントパンクラスホテルの「ブッキングオフィス・バー」（上写真）。
ソーホーの「シークレット・ティールーム」では昔風のティータイムが楽しめる（下写真）。

ット・ティールームが見つかる。スイングジャズが流れる中、レトロな服の美女がスコーンを持ってきてくれる。ソーホーの**フレンチハウス**は、アーティストや俳優が好むバーで、音楽なし、機械なし、携帯なしがポリシーだ。

ロンドンの地産地消

イングランドのシェフ、マーク・ヒックスは今流行のドーセット産のカニやグズベリーといった英国の素材を、以前から用いてきた。彼の6つのレストランのうちの一つ**ヒックス**の地下のバーでは、ソーホーのボヘミアンな人々が「ヒックスフィックス」をあおっている。サマセット社製アップル・ブランデー漬けのモレロチェリーに、スパークリングワインを注いだカクテルだ。

保存された歴史

チャーチル博物館の地下には**内閣戦時執務室**がある。ロンドンが空襲を受けたときに、当時の英国首相チャーチルが軍事作戦を指揮するために使った地下壕だ。1945年に封鎖され、1984年に再び開けられた。すべてが当時のままになっていて、軍事作戦地図や、チャーチルがルーズベルト米大統領に直通回線で送った暗号文も残されている。

INSIDER TIP
ポークパイとスティルトンチーズを試すなら、バラマーケットへ。土曜日は大混雑なので木曜日か金曜日がおすすめ。

CATHERINE KARNOW (TEA AND RESTAURANT)

ヘルシンキ

フィンランドの首都には、自然への愛、暖かいサウナ、大胆なデザインがある。

美術館巡り

街路樹の繁る目抜き通り、エスプラナーディに沿って歩き始めよう。沿道にはブティックやカフェが立ち並ぶ。古くからヘルシンキの文化の中心となっている美術館地区も近い。「僕が特に好きなのは**ヘルシンキ市立美術館**だ」と言うのは画家、ヤニ・レイノネンだ。「あらゆる種類のアーティストのショーケース。年齢も分野も色々だし、荒削りなものから優美なものまで、何でもある」。ヘルシンキの写真やインスタレーションアートなど、コンテンポラリーアートを好んで展示する現代美術館キアズマもまた同じコンセプトの美術館だ。伝統を重んじるならアテネウム美術館で展示されている絵画のほうが好みかもしれない。

毛皮の帽子を見つけに行こう

エスプラナーディを散歩しながら、潮風が香る**南港のマーケット広場**「カウッパトリ」へ出かけよう。ムートンブーツを裏返してかぶったようなラップランド風の毛皮の帽子を売っている。オールド・マーケットホールには食べ物の屋台が並び、手軽なランチを取ることができる。トナカイの肉や地元でとれたサーモンのスモークを味わおう。

フェリーで脱出しよう

スオメンリンナの要塞へはフェリーが運んでくれる。18世紀に6つの小島に造られた

フィンランド人彫刻家、エイラ・ヒルツネンの手によるシベリウスの記念碑。

サンドイッチショップの「カフェ・エスプラナーディ」では、店員が今日のスープを皿に注いでくれる。

海防要塞だ。ピクニックを楽しむのもよし、ボートを借りて湾内の島々を巡るのもよいだろう。

汗を流して、我慢

サウナでひと汗かいてデトックスしよう。伝統のスタイルを頑固に守る**コティハルユ・サウナ**は、昔ながらに薪を燃やして暖める数少ない公衆サウナの一つだ。燃え盛る炉の脇に太い薪が山積みされている。レイノネンは言う。「ビールを持ったままプールに飛び込む年配の鉄道員もいれば、昔ながらに体を洗ってくれる係の女性もいるよ。サウナを素敵な場所にしているのは、そこに集まる人々なんだ」

フィンランドデザイン

ヘルシンキの南に広がるデザイン・ディストリクトは、ギャラリーやクラブ、ブティックが立ち並び、活気も新しい才能もあふれている。この地区の中心となるのは**ウーデンマーンカトゥ通り**。アート、ファッション、音楽が渾然一体となっている。「イバナ・ヘルシンキ」にはデザイナー、パオラ・ズホーネンが自然に触発されてデザインした大胆なプリントが並ぶ。エスプラナーディに戻って、クラシックなフィンランドデザインを扱う店を覗いて歩こう。今やアイコン的存在となった「マリメッコ」は、60年代にジャクリーン・ケネディがここのドレスを愛用したことで人気に火がついた。今も布や小物類には、その鮮やかで大胆な独特の色彩とデザインがプリントされている。

北欧発ニューウェーブに乗り遅れるな

居心地のよいレストラン「スピス」は地元産の食材だけを食べる“ロウカボリズム”を一段と進めている。食材だけでなく、マリメッコのハンドタオルからヘルシンキ出身のDJ、ブヌエルがミックスするBGMまで、あらゆるアイテムを地元に求めているのだ。ロウカボリズムに傾倒する新進気鋭のシェフ、アンテロ・アオリブオとヤッコ・キンヌネンは、旬のメニュー14～20種類に地元食材を使い、フィンランド料理の魅力を引き出している。二人きりのロマンチックな夜を演出するなら、港が見えるレストラン、**ノッカ**が最適だ。煉瓦倉庫を改造した建物の入り口は松明の炎に照らされて浮かび上がる。地元の人なら誰でもすすめるお気に入りのレストランは、フィンランド伝統の味を守り続けている店だ。中でも人気は**コルメ・クルウヌア**（三つの冠の意）だ。内装は50年代風で落ち着いている。トナカイのステーキ、バルト海産のニシン、ブルーベリーパイ、すべてに感動する。パイ以外はどの料理にもマッシュドポテトが付いてくる。

デザイナーを発掘する

エスプラナーディのすぐ西側にホテル、**クラウスK**がある。コンテンポラリーな客室を見ると、影響を受けたのはIKEAかと思いそうだが、デザインコンセプトはフィンランドの壮大な民族叙事詩『カレワラ』から得たという。艶やかな白い卵形のレセプションデスクからは何かが生まれてきそうだし、素朴な茶色や緑色を使った色あいは森への回帰を示す。南港やブランドショップにも近い、ベルエポック風の**ホテルカンプ**は美しく改修された。スイートにはヘルシンキ名物のサウナも設置されている。

INSIDER TIP

ナイトキャップをひっかけたり街ゆく人々を眺めるのなら、ホテル・トルニの「アテリエ・バー」がよい。月替わりでフィンランド人作家のアート作品を展示している。トルニの最上階からの眺望は最高だ。

ALLAN BAXTER/GETTY IMAGES (SCULPTURE, PRECEDING PAGE), RAYMOND PATRICK (CAFÉ, BOOTS, CAKE, WOMAN), GUIZIOU FRANCK/HEMIS.FR/GETTY IMAGES (FOUNTAIN)

フィンランドの花：マリメッコの鮮やかな花柄がスタイリッシュなブーツ（左上写真）。ヘルシンキ最古のカフェ「エクベルグ」のバターたっぷりのケーキ（上中央写真）。観光客に笑顔で応えるイリナ・ウスカリ（右上写真）。ハビス・アマンダ作の噴水「バルト海の乙女」はヘルシンキのシンボル（下写真）。

PHOTO CREDITS ARE HERE/TK

リスボン

経済の問題はさておき、輝かしい過去に敬意を表しつつ、
未来へ向かっているポルトガルの首都。

ポルトガル王ジョゼ1世の騎馬像がコメルシオ広場（貿易広場）を見下ろしている。

サンジョルジェ城の城壁の上で、リスボンの街を眺めながらおしゃべりに興じる人々。

ポルトガルとアジアの接点

リスボンで今、最も輝きを放つ美術館の建物は、かつては干しダラを保管していたリバーフロントの倉庫だ。地元出身のデザイナー、ニニ・アンドレア・シルバは**オリエンテ美術館**を「ポルトガル文化とアジア文化の真の架け橋」と呼ぶ。

並外れた水族館

リスボン水族館はウォーターフロント再生の目玉として、1998年にリスボンで開催された万国博覧会期間中にオープンした。2011年に新しい**海洋棟**がオープンし、展示内容も一新されたが、あらゆる生態系を網羅している既存施設の大きな魅力は変わらない。わずかな時間で、温暖なアゾレス諸島からペンギンが群れをなす南極の雪原まで旅することができる。

修道院とはるかなる外洋

川辺で最も傑出している建造物が**ジェロニモス修道院**だ。1497年にバスコ・ダ・ガマがインドへ向けて出航した港の近くに立つ。ガマの航路発見後、貿易商人たちが続々と海を渡り、ポルトガルを海洋国家へと変貌させた。香辛料貿易によって得た利益は16世紀初めから建設が始まった修道院の財政を支えることとなった。食堂を覗いてみよう。壁には18世紀のセラミックタイルが帯状に貼られて、聖書の物語が描かれている。修道院の2階に上がると中庭が眺められる。

並んでも食べたい

人気菓子店、**パステイス・デ・ベレン**では、今も修道院秘伝のレシピで、リスボン名物の焼きたてのカスタードクリーム入りタルトを作っている。行列が長いときは近くの**ア・シケ・デ・ベレン**に行くといい。こちらの店ではパステイスをオープンテラスで食べることができる。

シアード地区でシック発見

リスボンの商業の中心地バイシャ地区で

トラム開通は1873年。年代物の路面電車がリスボンの急な坂道をゴトゴトと上り下りする。

PAULO FERREIRA/GETTY IMAGES (SQUARE, PRECEEDING PAGE), ANDREAS HUB/LAIF/REDUX (PEOPLE), DAVIS MCCARDLE/GETTY IMAGES (TRAM)

は、現代デザインとファッション（例えば、緑色のサテン地で作ったブーツ、ヒョウのフェイクファー製パンプスなど、大きな宝石のように人目を引くもの）の博物館**MUDE**が新たにオープンした。ファッションに目がないなら、隣接するシアード地区へも行ってみよう。オーダーメイドの革手袋の店「ルバリア・ウリセス」のような、いかにもリスボンらしいブティックが並ぶ。「ア・ビダ・ポルトゥゲーザ」は昔ながらの手仕事の香りの漂う雑貨の店。アレンテージョ地方で作られた鮮やかなストライプ柄の羊毛ブランケットなど、モダンな感覚の品々が揃っている。

アルファマ散歩

アルファマ地区は、都市の歴史教科書をそのままに凝縮したような場所だ。町の基礎を作ったのはムーア人だったが、その後ユダヤ人の町になり、やがて商人や漁師、船乗りたちが集まって住むようになった。1755年のリスボン大地震のとき、この地区は被害が小さかったので早く復旧することができ、家屋や、急な斜面に曲がりくねって続く石畳の道もほとんど無傷で残された。この地区を散策するなら**サンジョルジェ城**のある岩だらけの山頂からスタートするのが一番楽だ。城壁に沿って古い大砲が並んでいる。どの通りでもいいから下っていこう。途中、ポルタス・ド・ソル広場でコーヒーブレイク。テラスから眺めるアルファマ地区やウォーターフロントの景色は最高だ。そこからアウグストローザ通りを見て回ろう。たくさんの店がひしめき合う中に、聖人の木彫を集めた「リカルド・ホーガン」のギャラリーがある。

タラ料理を超えて

リスボンで人気のあるレストランで出される料理は、伝統的なポルトガル料理をひとひねりし、現代風のアレンジが加えられている。まさにこの街そのものだ。「ピカ・ド・サパト」では、川べりのテラス席で客がウサギの腰肉ソーセージ詰めを夢中で食べている。**ラルゴ・レストラン**は、古い女子修道院を改装した空間が印象的。バイロアルト地区で古くから店を構える「パッパソルダ」はロブスターのアソルダ（パン雑炊）で有名だ。「シーミー」では、氷の上にディスプレイされたとれたてのアルガルベ産クルマエビやタイから素材を選ぶことができる。

フロンテイラ侯爵の館では、ツゲの植え込みが噴水を囲むパルテール式庭園が美しい。

AXIOM PHOTOGRAPHIC/DESIGN PICS

INSIDER TIP
バイロアルト地区のファド・レストランは飛ばして、グラサやモウラリア界隈のローカルな店を探してみよう。

WORLD'S BEST

劇場で過ごす夜

壮大なオペラハウスは音楽、ダンス、建築デザインの舞台である

■ フェニーチェ劇場
イタリア、ベネチア

オペラハウスが3度目の火災で焼失した時、イタリアの政治家たちはフェニーチェ劇場を「もとの場所に、もとの姿で」再建することを約束した。昔の映画作品を参考にして、忠実な再建が進められた。ベルディのオペラ5作が初演された由緒あるオペラハウスは灰から蘇り、19世紀の荘厳な姿を見事に取り戻した。

■ コペンハーゲン・オペラハウス
デンマーク、コペンハーゲン

ホルメン地区のウォーターフロントにそびえるモダンな外観のオペラハウス。デンマーク人建築家ヘニング・ラーセンの設計によるこの建物には、大理石や石灰岩、金箔などがふんだんに使われている。建設費は5億ドルを超え、世界で最もコストがかかったオペラハウスの一つとなった。

■ コロン劇場
アルゼンチン、ブエノスアイレス

馬蹄形の巨大なメインホールや豪華なシャンデリアで知られる。来場者数の減少に歯止めをかけるため、近年、大改修が行われた。先代のコロン劇場は1888年までデマヨ広場の近くにあったが、1908年に現在の場所に移転してきた。

■ ハンガリー国立歌劇場
ハンガリー、ブダペスト

世界一壮麗な、ネオルネサンス建築のオペラハウス。一流の演奏家たちがその舞台を彩る。グスタフ・マーラーは1887年から1891年まで3シーズンにわたり音楽監督を務めた。毎日実施されるガイドツアーでは、実際に大階段を降りることができる。

■ ボリショイ劇場
ロシア、モスクワ

大規模な改修工事を経て2011年に再開されたボリショイ劇場。火災や戦争、革命をくぐり抜け生き残ってきたという歴史をもつ。有名なボリショイバレーの本拠地であるネオクラシック様式の劇場は、深紅のダマスク織張りの座席を贅沢にしつらえた4つのバルコニー席と正面の貴賓席を備えている。

■ 中国国家大劇院
中華人民共和国、北京

チタンとガラスで構成された卵形の斬新な建物が天安門広場の西側に出現した。設計はフランスの建築家ポール・アンドリュー。内部には、絹張りの壁が美しい伝統的な中国式劇場や、アジア最大のパイプオルガンを備えたコンサートホール、金属製メッシュの幕が投げかける陰影が演出効果をもたらすオペラホールがある。植え込みを巡り人工湖の水面下へと続く通路が、この巨大な複合施設内に導いてくれる。2008年の北京オリンピックに向けて完成した大胆な建築は、その姿を水面に反射させている。

■ ロイヤル・オペラハウス・マスカット
オマーン、マスカット

カブース・ビン・サイード国王の命により、2011年、オマーン湾岸の茫漠とした砂漠の中に石灰岩のロイヤル・オペラハウスが建てられた。ミャンマー産の木材に彫刻を施した扉を抜けると、象眼細工の大理石が構成する乳白色の無垢な空間が広がる。ホールは1100人収容。各座席には小さなディスプレーが備え付けられていて、オペラの歌詞を各国語に翻訳した字幕が映し出される。

（文　クリスティーヌ・ベドナルツ）

有名なベネチアのフェニーチェ座で唇を奪う。

DAVE YODER

2013年、開業100周年を迎えたグランドセントラル駅。星座の描かれた天井を背景に星条旗が吊るされた。

マンハッタン

ビッグアップルと呼ばれるここではすべてが変化し、そして何も変化しない。

緑の都心を抱く街、ニューヨーク

約3.4平方キロメートルの広さを誇る緑のオアシス、**セントラルパーク**。ニューヨーカーたちの安らぎの場だ。日光浴はもちろん、ロッククライミングを楽しむのも、ハーレムミア池に釣り糸を垂れるのもよい。

SUSAN SEUBERT

ミュージアムマイル

「ミュージアムマイル」と呼ばれる、五番街の82丁目から105丁目の通りには、世界的な美術館が10館ほど建ち並ぶ。その一つが**グッゲンハイム美術館**だ。フランク・ロイド・ライトの設計による螺旋《らせん》状の館内に、現代美術の数々が展示されている。**メトロポリタン美術館**は中でも最大規模だ。人類の何千年もの歴史が生み出した美術品を収蔵する。鑑賞は的を絞って一度に一部門、残りは次の機会に譲るのが賢明だ。ミイラや鎧《よろい》、モネの絵から楽器まで、心のおもくままに選ぼう。

SUSAN SEUBERT

よみがえる線路

2009年にオープンした「ハイライン」は、**ミートパッキング地区**のガンズボート通りから西34丁目まで、マンハッタンのウェストサイドを走る高架鉄道線路跡を再開発した都市公園だ。野草や低木に彩られた小道が散策にうってつけ。お腹が空いたらおいしい屋台で一休み。「シグムンド」のチェダーチーズ・プレッツェルや「ラ・ニューヨーキナ」のパレタス（カットフルーツが入っている、メキシコ風アイスキャンディー）などが人気だ。17丁目のベンチからは遠くに自由の女神像を眺めることができる。

ファッショナブルなダウンタウン

世界的なショッピング街がひしめくニューヨークでも、とりわけ面白い発見があるのが14丁目から南のエリアだ。プリンス通りとブロードウェイの角にある「プラダ」から出発しよう。この店舗を設計したのは著名な建築家レム・コールハース。そこからプリンス通りを東に向かって進むと**セント・パトリックス・オールド大聖堂**が見えてくる。教会が運営するマルベリー通り沿いのユースセンターでは、毎週土曜日と日曜日に「リアル・デザイナー・マーケット」が開催され、ニューヨーカーたちが作る洋服やアート作品など

SUSAN SEUBERT

102階建てのエンパイアステートビルはミッドタウンの文化的象徴だ（左ページ）。ミッドタウンにはカフェが多い（上写真）。

ブライアント・パークはネットユーザーにもアナログな客にも優しい。

が売られている。ユニークなTシャツやアクセサリー、（このエリアを象徴する）ポークパイハット、写真など、色々目に止まるものがあるだろう。さらに1ブロック東へと進むと、バレーシューズをはじめスタイリッシュな婦人靴で人気のブランド、「シガーソンモリソン」のショップがある。

本物のデリカテッセン

イーストヒューストン通りの「ヨナ・シンメル・クニッシュ・ベーカリー」でポテトクニッシュを食べよう。サラ・D・ルーズベルト公園を通り過ぎたところにある店だ。コンビーフやパストラミのサンドイッチで有名な**カッツ**はニューヨークで最も古いデリカテッセン。映画『恋人たちの予感』で主人公ハリーとサリーが印象に残る会話を交わすシーンの舞台としても有名だ。ミッドタウンの「カーネギーデリ」は「客が食べ切れるような量の料理は出さない」のがモットー。巨大なサンドイッチとニューヨークスタイルのチーズケーキが有名だ。

トライベッカで日本料理を食べよう

トライベッカ（名称はキャナルストリートの下の三角地帯に由来）には、その裕福な住人たち向けの贅沢なレストランがひしめいている。日本料理に目がない食通御用達の店、**ノブ**もその一軒。だが、通のニューヨーカーたちが押し寄せているのは隣にある「ノブ・ネクスト・ドア」だ。長蛇の列にひるむことはない。携帯の番号を教えておけば、席が空き次第知らせてくれる。居酒屋風パブ、**ズット**もおすすめ。ラーメンや寿司、スチームバンズ（包《パオ》）が人気だ。

カーネギーホールでブラームスを聴く

1891年創立の優雅なコンサートホール、**カーネギーホール**は音響効果が豊かなことで知られる。一流のクラシック演奏家だけでなく、1964年のビートルズやローリング・ストーンズをはじめとして、ロックスターのコンサートも開催されている。オーケストラ全体を見渡すにはサイドボックス席を確保しよう。

キャバレーへ行こう

メトロポリタンルームはニューヨークで最も新しい“キャバレースタイル”のライブハウスだ。アニー・ロス、クリスティン・エバソールといった珠玉の歌声を聴くことができる。「客席は115席、それでも舞台と客との距離は近く感じられる」と、ジャズバンドのトランペット奏者ジェド・フォイアーは語る。ロワー・イーストサイドのクラブハウス、**リビングルーム**は、開店以来15年間、シンガーソングライターの登竜門として毎晩10人の新人アーティストにステージを提供し続けている（ノラ・ジョーンズもここで腕を磨いた）。

INSIDER TIP ニューヨーカーは入場無料の日を狙って美術館に出かける。例えばメトロポリタン美術館の入場料は通常25ドルだが、金曜日には無料になる。

SUSAN SEUBERT

ライトアップされたマーティン・ルーサー・キング・ジュニア記念碑。ナショナルモールの夜空に屹然と浮かび上がる。

ワシントンD.C.

米国の首都では年中観光客が切れることがない。

KRISTA ROSSOW/NATIONAL GEOGRAPHIC

議事堂見学

米国連邦議会議事堂の無料見学ツアーは日曜日と休日を除く毎日実施されているので、ホワイトハウスよりもチケットは手に入れやすい。赤い上着を着た陽気なガイドが、少人数のグループに分けた見学者を「遺体安置所（クリプト）」と呼ばれる地下室へと案内する。ほの暗い照明に浮かび上がるのは旧上院本会議場だ。ここは1810～60年の間使用されていた。圧巻は上階のロタンダだ。歴代大統領の彫像が立ち並び、壁には合衆国を切り開いた人々の偉業を描いた油絵が掛けられている。鋳鉄製のドームにはフレスコ画が描かれ、訪れる者を圧倒する。

美術館巡り

ワシントンD.C.は美術館の宝庫だ。アジア美術のフリーア美術館、**国際スパイ博物館**など内容も多岐にわたっている。全部を一度に見ようとすれば、気の遠くなるような時間がかかるので、スミソニアン協会が運営する多彩な美術館や博物館の中から一つか二つを選んで訪れるのがおすすめだ。入場無料のうえ、ナショナルモール公園内に集中している。国立米国歴史博物館には、米英戦争当時の古い星条旗や、さらにはテレビ番組の人気キャラクターなどが展示されている。**国立米インディアン博物館**は黄金色のカソタ産石灰岩が滑らかな曲線を描く建物だ。ナバホ族の毛布や、カバの樹皮で編んだ

ガラス張りの巨大な博物館、ニュージアム内の展示。9.11のような重大な出来事を大きく取り上げている。

オジブワ族のバスケットなど、固有の工芸品が展示されている。

月明かりに浮かび上がるモニュメント

兵士や大統領を讃える記念碑を始め、市民権運動の指導者キング牧師の像など、数々のモニュメントが立ち並ぶ。「モニュメントとはそもそも厳粛な場所。その真価は夜にこそ発揮されます」と、史跡を巡るガイドツアー、**ワシントンウォーク**の創設者キャロライン・クロウチは語る。このツアーでは、ジェファーソン記念館をはじめ、あまり知られていないジョージ・メイソン記念碑、リンカーン記念館と第二次世界大戦記念碑の間に広がるリフレクティングプールなどを見学する。

歩行者に優しい街ジョージタウンはブティックやレストラン巡りには格好の街だ。

ジョージタウンでショッピング

ウィスコンシン通りのP通りとレザボアロードの間には、石畳の歩道沿いにローカルな店が軒を連ねる。煉瓦造りの階段を上がって「シャーマンピッケイ」を覗いてみよう。ミリーのドレスやサザンタイドのポロシャツなど、正統派ながらスタイリッシュなメンズ&レディスファッションが揃う。アンティークショップも目白押しだ。「ダレル・ディーン・アンティークス・アンド・デコラティブアーツ」のコレクションは素晴らしい。1970年代のロボットの形をした金属製フロアランプもあれば、手描きのスタイル画もある。「フルリール・チョコレート」では、バラの蕾をかたどったカルダモンが香るチョコレートなど、選り取りみどりだ。

市場でランチを

イースタンマーケットは19世紀に建てられた活気あふれる公設市場だ。パン屋や魚屋と並んでカフェテリアの**マーケットランチ**がある。スパイスたっぷりのクリスピーなクラブケーキで有名。落ち着いて食事したければ、クラシックな雰囲気のレストラン「チェサピークルーム」まで足を延ばそう。名物のシーフードやバイソンのハンバーガーのほか、メリーランド州やバージニア州の地ビールが楽しめる(カットラス・アンバー・ラガーの生ビールがおすすめ)。

トレンドのバーで飲む

今、ワシントンでは地ビールやオリジナルカクテルが注目を集めている。そんなブームの中心地、ローガンサークルやU通り周辺を探索しよう。**チャーチキー**ではエールでのどの渇きを癒すのがよい。ホップの香りに満ちたメニューには5種類のエールをはじめ世界中から選りすぐった555種類のビールが並ぶ。禁酒法時代の地下酒場さながらの「ギブソン」を覗くのもよいだろう。1880年代、禁酒法を背景にワシントンで生まれたジンベースの強い酒"リッキー"を、現代風のカクテルにアレンジしてくれる。夏の暑さを忘れるにも、冬の夜長に温まるにも最適の一杯だ。

オバマ大統領もご贔負《ひいき》

アダムスモーガン地区にあるビストロ、「ミントウッドプレイス」では、シェフのセドリック・モウピリヤーが腕をふるう。独創的なニブルス(おつまみ)の数々(例えばシシトウの塩焼き、エスカルゴ入りハシュパピー)や米国風のメインディッシュ(キャストアイアンチキン)で一躍グルメの注目を浴びた。オバマ大統領夫妻が訪れて以来、一層の賑わいを見せている。

14番通りにあるレトロなビストロ「マービン」では、ワッフルの上にフライドチキンを載せて出す。

INSIDER TIP
メトロは便利だが、マウントバーノンやスミソニアン航空宇宙博物館など都心から離れた場所に行くのなら、「CAR2GO」のカーシェアリングを利用してエコカーを借りるのも手だ。

SUSAN SEUBERT (MUSEUM INTERIOR AND FOOD), KRISTA ROSSOW (SIDEWALK)

サンクトペテルブルク

陽の当たらない数十年の後、
10年を越える繁栄がかつての帝都に活気を取り戻した。

1907年に完成した「血の上の救世主教会」は、モスクワの聖ワシリイ大聖堂を模して造られた。

街を代表する大通り

ロシアのシャンゼリゼといわれるネフスキー大通り。全長5キロほどのこの通りに沿って歩けば迷うことはない。エルミタージュ美術館正面の**宮殿広場**から蜂起広場までの約3キロには、世界的な建築がずらりと並ぶ。特にアニチコフ橋から旧海軍省までの区間が圧巻だ。アニチコフ橋は4頭の馬の彫刻で有名。また1800年代初頭に建てられた旧海軍省は金色の尖塔が印象的な建物だ。

三つの聖堂

教会建築は人々の目を引きつける。**カザン聖堂**は新古典派の列柱の回廊が特徴的。スモーリヌィ聖堂は優雅なバロック様式だ。そして華麗なネオビザンチン様式の「血の上の救世主教会」は、贅を尽くしたモザイク装飾とその血なまぐさい名称で際立っている。名前の由来は、改革主義で知られるロシア皇帝アレクサンドル2世が1881年に暗殺された現場に教会を建てたことによる。

後世に伝える

文学に親しむのはロシアの国民的娯楽のようだ。プーシキン、ドストエフスキー、20世紀の詩人アンナ・アフマートワら3人の住居が博物館のリストでトップを占める。

ネフスキー大通りでショッピング

「ゴスチーヌィ・ドボール」は、1700年代中頃に造られた世界で最も古いショッピングアーケード。全長はネフスキー大通りの1ブロック分におよぶ。毛皮のコサック帽子を探しているなら、アーケード内にあるウィンターウェアの店「ナターリア・クバソバ」の旗艦店に寄ってみるといい。カスタムメイドのデザイナーブランドを扱っている。手描きで絵付けされた木製の卵を探しているなら、**血の上の救世主教会**の近くにある工芸品マーケットも見逃さないようにしよう。

芸術家のふるさと

市内で最も調和のとれた広場に立つ**ロシア美術館**を見ずに帰ってはいけない。金箔を貼ったイコン（聖像）からシュプレマティスム（絶対主義）の提唱者カジミール・マレービチの大胆な作品まで、ロシア美術を一通り鑑賞することができる。別館のストロガノフ宮殿では、サンクトペテルブルク出身の伝説的な建築家、アンドレイ・ボロニーヒンによる室内装飾美術品の数々が見られる。

エルミタージュを攻略

エルミタージュ美術館には300万点を超える作品と400室もの展示室がある。これをすべて味わい尽くすには、数カ月はかかるだろう。歴史的にも重要な**冬宮**と、廊下でつ

エルミタージュ美術館に展示されている1812年ロシア戦役の英雄たち。

小馬屋橋は、街と運河を縫うようにつなぐ200余りもある橋の一つだ。

ながった4棟の建物の、合計5棟で構成されている。十分な時間がないのなら、レンブラントの作品、レオナルド・ダ・ビンチの二つの「マドンナ」、豪奢な「黄金の客間」、さらに3階に上がって見事な印象派コレクションを、駆け足で見て回ろう。

国民的飲み物への讃歌

ロシア・ウォッカ博物館には古い酒樽やウォッカのボトルのコレクションがある（トラクティール・レストランで試飲できる）。乾杯の言葉は「ナ・ズドロービヤ」で。

夏の庭園で一休み

疲れたら、ネフスキー大通りにある高級デリカテッセン「エリセーエフ」で食料を買い込んで、彫像がいっぱいの**夏の庭園**へピクニックに行こう。この庭の散策を愛した住民たち（ピョートル大帝からプーシキンまで）の心に触れることができるだろう。

ネバ川の堤防

「北のベネチア」と呼ばれるサンクトペテルブルク。街の最高の表情を知るには、壮麗な建物が並ぶモイカ川やフォンタンカ川の堤防、絵はがきのような**グリボエードフ運河**など、水辺を散歩するのがおすすめだ。

ブリヌイ、ボルシチ、おいしい料理

ふっくらとしたブリヌイ（ロシアのパンケーキ）やボルシチなど、スラブ料理が食べたくなったら**1913**へ行くのがよい。家庭的で懐かしいロシアのお袋の味が堪能できる。

INSIDER TIP 無愛想なペテルスブルク気質も心配無用。すぐに解決する。ロシア語を一言か二言、口にすれば氷は溶ける。「こんにちは」は「ズドラスートブイチェ」だ。

ネバ川では証券取引所などの眺めを楽しめる遊覧ボートが運航されている。

SISSE BRIMBERG& COTTON COULSON (WOMAN, BRIDGE, AND STREET SCENE ON PRECEDING PAGE), ALEXANDER DEMIANCHUK, CORBIS (PORTRAITS)

ホノルル

**俗っぽい観光地といったイメージは、もはや過去のもの。
ホノルルは魅力あふれるパラダイスへと
生まれ変わった。**

ワイキキビーチ、黄金色に輝く砂浜が弧を描いてダイヤモンドヘッドへと続く。

ハレクラニホテルの由緒あるレストラン「ハウス・ウィズアウト・ア・キー」では、毎夕、サンセットを背景にフラダンスショーが行われる（上写真）。
名産品のパイナップルの幼果（下写真）。

変わらない安らぎ

ワイキキでは安物の土産物屋が、相変わらず日焼け自慢の観光客で賑わっているが、今ではそれも影が薄くなっている。広々とした歩道が整備され、穏やかに流れるせせらぎやレッドジンジャーの深紅の花園、ヤシの木陰の間を縫って続いている。ただ一つ変わらないのはクリスタルブルーに輝くワイキキの海だ。さっそくビーチにブランケットを広げて日光浴だ。**ダイヤモンドヘッド**の眺めを満喫しよう。地元の若者たちからサーフィンの手ほどきを受けるのもいいだろう。夕暮れ時のビーチでは毎晩、無料のフラダンスショーが開かれているし、週末には9メートルの大型スクリーンで家族一緒に映画を楽しむこともできる。

ハワイの歴史を知る

サーフボード型の案内板をたどって歴史散策ルートの**ワイキキ歴史街道**を歩いてみよう。カメハメハ1世が1795年にオアフ島を征服した際に、軍隊とともに野営したとされるロイヤル・ハワイアン・ホテルの中庭など、重要な史跡23カ所を巡ることができる。

ビーチを後にして

まずはハワイ州立美術館を訪れよう。数百人の地元アーティストたちによるコンテンポラリー作品を展示している。次に向かうのは**シャングリラ**。ダイヤモンドヘッドを望む太平洋沿いの約2万平方メートルの土地に立つ邸宅だ。タバコで築いた巨万の富を相続したドリス・デュークが1936～38年にか

SUSAN SEUBERT (DANCER AND BEACH, PRECEDING PAGE), TAYLOR S. KENNEDY, NATIONAL GEOGRAPHIC CREATIVE (PINEAPPLE)

けて建設した。モロッコ風の天井、ダマスカスから取り寄せたインテリア、2500点余りのイスラム美術品の数々など、アラビアンナイトの世界から飛び出してきたような豪華な装飾に目を見張る。見逃してはならないのは**ホノルル美術館**だ。中国の手描きの巻物や、色鮮やかな韓国の花嫁衣装など、アジア全域から収集された膨大なコレクションが展示されている。最後にイオラニ宮殿を訪れよう。ハワイの王朝はプランテーション主たちによって1893年に倒されたが、宝飾品のコレクションや王族たちの肖像画がハワイ王国の歴史を語っている。

定番の土産物なら

アロハシャツはハワイ土産の定番品。カパフルアベニューの**ベイリーズ・アンティーク＆アロハシャツ**なら1万5000枚以上の中から選ぶことができる。オーナーのデイビッド・ベイリーは「面白そうなものなら何でも好きだけど、うちのメインはやっぱりアロハシャツだね。ビンテージものの品揃えとお求めやすい価格世界一を目指している」と語る。ロイヤル・ハワイアン・センターのショッピングモールにある「ロイヤルグローブ」では、レイ作りやウクレレのレッスンなど、日替わりの無料教室が開かれている。

逸品を探す

古い着物から美しいドレスをデザインする「アン・ナンバ」には、ホノルルの上流階級の人々が、自分だけのドレスを求めてやってくる。**マーティン＆マッカーサー**にはクックパインのサラダボウルからコアの木で作ったロッキングチェア、その他様々な地元の工芸品が客の目を引こうとずらりと並んでいる。高級品なら、世界の一流ブランドの店が立ち並ぶ「2100カラカウア・アベニュー」がおすすめ。

カクテルを楽しみながら

木曜日の夜はワイキキビーチマリオットのテラスへ。キアエ・オハナのバンドが演奏するハワイアンスタンダードに耳を傾けよう。昔懐かしいポリネシアの雰囲気を味わうのなら空港近くのピアノバー、**ラ・マリアナ・セーリングクラブ**へ。ホタテ貝の貝殻で作ったランプやら、流れ落ちる滝やら、店内にはレトロな装飾があふれている。絶品のマイタイを注文しよう。

食の饗宴

ジョージ・マブロサラシティスはレストラン、**シェフ・マブロ**のオーナーシェフだ。タイのメダイヨンがウニのムースに包まれた一品とワイン2種をセットにした季節のメニューなど、彼の店はハワイのダイニングシーンを一気にレベルアップさせた。和食が食べたくなったら、「イマナス亭」で海鮮しゃぶしゃぶ鍋はいかが。エスニックな海鮮煮込みや激辛キムチなら「ソラボル」の韓国料理がおすすめ。「サイドストリートイン」では、ポークチョップやアヒ（マグロ）のバジルペースト和《あ》えなど、ローカル料理の高級版を楽しめる。ひんやりデザートなら「アンクル・クレイズ・ハウス・オブ・ピュア・アロハ」のシェイブアイスがおすすめだ。ハワイ風のかき氷の上に、毎日手作りされているフレッシュなシロップ（ライチや抹茶など）がかかっている。

INSIDER TIP ノースショアの「マツモト」でシェイブアイスを食べよう（氷の下にはアイスクリームと小豆が隠れている）。

自ら商品のカラフルなアロハシャツを着るオーナーのデイビッド・ベイリー。

SUSAN SEUBERT

パリ

光の都、オートクチュールの本拠地、
芸術や建築の傑作の宝庫、そして美食の殿堂。
フランスの首都の輝きは増すばかりだ。

1889年、パリ万国博覧会のために建設されたエッフェル塔は人気の名所。観光客が毎日押し寄せ、パリで最も高い建造物を見上げて目を見張る。

聖母マリアの大聖堂

パリを代表する壮麗なゴシック様式の**ノートルダム大聖堂**は、1163年から87年の歳月をかけて完成した。見事な彫刻で飾られた入口、13世紀の巨大なバラ窓、堂々たるパイプオルガンは必見。オルガン演奏は四旬節の期間を除く毎週日曜日16時30分から。

至宝のルーブル

ルーブル美術館のコレクションは、名画、タペストリー、古代エジプト美術、ギリシャ美術など、世界屈指を誇る。だが、一度に全部を見ようなどと考えてはいけない、とパリに関する本の著者デイビッド・ダウニーは言う。彼がすすめるのはリシュリュー翼だ。中でも「真紅の巨大な円形ソファが置かれたナポレオン3世の豪奢なサロン」は必見。

最高の夜景を眺めながらディナー

エッフェル塔の行列に並びたくなければ、夜を狙って出かけよう。日没後の毎正時から5分間、2万個のフラッシュライトが点滅する特別のライトアップが見られる。南塔の2階にあるレストラン、**ル・ジュール・ベルヌ**を予約する手もある。食事しながら一望のもとに広がるパリの眺めを味わおう。長蛇の列を尻目にレストラン専用エレベーターで上がることができる。

著名人の墓を詣でる

ペール・ラシェーズ墓地を散歩しよう。マルセル・プルースト、オスカー・ワイルドな

パリの楽しみ方はいろいろだ。カフェでのランチ（上写真）もいいし、チュイルリー公園の移動遊園地で過ごす夏の休日（下写真）も素敵だ。

ど、多くの著名人が眠っていることで知られている。

モンマルトルの宝石

知名度は低いが、パリのエッセンスを伝えてくれる**ロマン派美術館**は、モンマルトルの南の地区にある隠れ家的な美術館。静かな通りにひっそりとたたずむ一軒家が、ジョルジュ・サンドなどロマン派の作家や画家、詩人たちの当時の暮らしぶりを伝えている。ガラスのロケットに入ったサンドの巻き毛など珍品の数々を鑑賞したあとは、小さな庭でお茶を楽しもう。「まさにタイムトンネル。1850年代のパリにタイムスリップしたようだ」とダウニーは言う。

パリのサロンドテ

1862年の開店当時、**ラデュレ**はパリに数軒あったティーサロンの一軒にすぎなかった。今ではパリ一番の人気店となり、ミントグリーンの袋を持った人を街のいたる所で見かける。華麗なベルエポック風の“サロンドテ”の人気の源は、マカロンを生み出し、大切に守り通していることにある。このメレンゲで作った可愛らしい焼き菓子は、フランス人にとって菓子の象徴だ。もちろん魅力的な菓子は他にもたくさんある。「ルリジューズ（修道女のお菓子の意）」もその一つ。シューにクリームを詰め、パステルカラーのフォンダンで仕上げた菓子だ。

パリは犬に優しい。カフェや商店、地下鉄も犬連れ歓迎だ。

骨董市の楽しみ

パリは蚤《のみ》の市《いち》の天国だ。元祖といえば**サントゥアンの蚤の市**。今ではクリニャンクールの蚤の市として有名だ。土・日・月曜日に開かれる。1920年に始まり、3000軒もの店が並ぶこの骨董市では、宝飾品やシャンデリア、布地、絵画から古い絵はがきまで、フランスの多種多様な品々が手に入る。

最高のファッションを手に入れる

サントノレ通りでウィンドウショッピングやマンウォッチングを楽しもう。ハイセンスな有名セレクトショップ「コレット」のような、パリの中で最も高級な店が軒を連ねる。インディーブランドなら**マレ地区**のフランブルジョワ通りに並ぶ店がおすすめ。「アントワーヌ・エ・リリ」（ファンキーなものから洒落たものまで、カラフルなスカートやアクセサリーを扱う）や「ザディグ・エ・ボルテール」（デザイナージーンズ）の本拠地だ。

ボナペティ！

いかにもパリ風の店では、ビストロのテーブル脇に無造作に立てかけられた黒板と、「今日のおすすめ」をぶっきらぼうに説明するウェイターが定番だ。フランスの料理評論家、フランソワ・シモンが選ぶ庶民派ビストロのナンバーワンに輝くのは、**ビストロ・ポールベール**だ。パリの東側、庶民的な界隈の静かな路地にある。「細部までよく見てほしい。1950年代のアペリティフの宣伝に使われた時計、それに完璧なワインリスト」とシモンは語る。店の定番、牛フィレ肉の胡椒風味、ポテトフライ添えがおすすめだ。

INSIDER TIP ルーブル美術館では、かの有名なI・M・ペイ作のガラスピラミッドの周りにとぐろを巻く長蛇の列は素通りしよう。リヨン口に回れば列はずっと短い。

JOHN KERNICK, NATIONAL GEOGRAPHIC CREATIVE (DOG), SISSE BRIMBERG & COTTON COULSON, KEENPRESS (EIFFEL TOWER, SWING), CATHERINE KARNOW (FOOD)

フィリーの現代的な街並みには歴史を語るために残されたスペースがある。メグ・サリグマンのフィラデルフィアの女神たちと題された巨大な作品は、街を彩る3000点の壁画の一つだ（右ページ）。

フィラデルフィア

自由の鐘が鳴り響く街。
「フィリー」の愛称で親しまれている米国フィラデルフィアでは、
最新のアトラクションや店、レストランにも独立精神が息づいている。

自由の象徴

インディペンデンスモールはフィラデルフィアの由緒ある州立公園だ。この10年ほどの間に観光案内所が新設され、自由の鐘を展示するパビリオンが建て替えられた。新たに**米国憲法センター**も建設され、寂れていた公園は息を吹き返した。

ユダヤ人の足跡

国立米ユダヤ人歴史博物館では、1884年当時の割礼式の衣装から映画衣装まで、ユダヤ文化に関わる多彩な展示品の数々に驚かされる。巨大な電子マップのナビゲーションで、ユダヤ人開拓者たちが西部へと進出していった足取りをたどれる。

建国当時の奴隷制度

2010年、**プレジデント・ハウス**がオープンした。屋根はなく、煉瓦造の邸宅の間取りが地面に線で再現されている。米国初代大統領のジョージ・ワシントンとマーサ夫人が暮らしたこの家には9人の奴隷がいた。パネルとビデオでこの家の住人たちについて知ることができる。

フィリーの屋根裏部屋

全面改修が終わった**フィラデルフィア歴史博物館**を訪ねよう。広くなった展示室には雑多な品々、例えば1680年代に米国先住民がウィリアム・ペン（フィラデルフィアを建設した人物）に贈ったとされる貝殻ビーズの帯や、野球選手がワールドシリーズで着用したユニフォームなどが並んでいる。まるで屋根裏部屋に転がっていそうな脈絡のないコレクションだが、これこそが愛すべき風変わりな街、フィリーの象徴だ。

産業革命以前の品

オールドシティの3番通り沿いにある雑貨店、**アート・イン・ジ・エイジ・オブ・メカニカル・リプロダクション**では、産業革命以前の手法で作られた製品を販売している。ランカスター郡で作られたアーミッシュ・キルトや、解体した建物の木材を再利用して作られたiPadケースなどがある。

アイスクリーム・パーラーへ！

フランクリン・ファウンテンでアイスクリームサンデーを食べよう。1900年代の懐かしいジュースバーの佇まいをそのまま残すアイスクリームパーラーだ。古風なあご髭に当時の服装がよく似合う男性を見かけたら、彼が店のオーナー、バーレイ兄弟の一人だ。

アート地区

チャイナタウンに隣接する巨大なコンベンションセンター。その周囲にはアートやデザイン関連の博物館や店が集まっている。**ファブリック・ワークショップ・アンド・ミュージアム**はアーティスト・イン・レジデンス（アーティストを招き作品を制作する事業）のプログラムによる作品を紹介する場だ。ミュージアムショップでは限定品を売っている。**SPACE1026**はチャイナタウンにあるギャラリーだ。展示作品を見たければ、入り口で紐を引いてベルを鳴らす。誰かが降りてきてドアを開けてくれるはずだ。

フィリーで人気の「ジェノスステーキ」（下写真）と、愛犬と一緒に泊まれるホテルパロマー（上写真）。

RAYMOND PATRICK (BOTH IMAGES ON PRECEEDING PAGE), JESSICA KOURKOUNIS/THE NEW YORK TIMES/REDUX (DOG), RAYMOND PATRICK (STREET SCENE)

ノーザンリバティ地区のガストロパブ「スタンダードタップ」は地元の人々の憩いの場。地ビールと産地直送の地元食材で作った料理が楽しめる。

KRISTA ROSSOW/NATIONAL GEOGRAPHIC CREATIVE

おやつにプレッツェル

お腹が空いたらリーディング・ターミナル・マーケットに寄ってみよう。**ヘッドナット**でナッツやドライフルーツ、キャンディーを選んだら、アーミッシュベーカリーの**ミラーズツイスト**でボンネット姿の女性のプレッツェル作りを眺めるのもよい。「フライング・モンキー・ベーカリー」ではウーピーパイの食べ過ぎにご用心。

爽やかなフェアモント

広大なフェアモント公園は徒歩ではなく、自転車か車で巡るのがおすすめ。**フェアモント公園園芸センター**にはぜひ訪れたい。優美な桜並木を散策しよう。書院造の和風建築、松風荘は庭園も美しい。

お酒持ち込み歓迎

フィリーでは「酒類持ち込み歓迎（BYOB）」が一般的。酒類販売許可証を持たない飲食店での食事には、自前で酒類を持ち込める。庶民的なサウス・フィラデルフィアにある「ビボウ」は、在住のフランス人御用達のフレンチレストラン。表面をカリッと焼いたホタテ貝や豚足シチューのフォアグラ添えが人気だ。センターシティ寄りにはミッチ・プレンスキーがシェフを務める**サパー**がある。地元の素材を使ったニュー・アメリカンキュイジーヌを味わえる。ピーカンナッツとセージが香るワッフルに鴨もも肉のコンフィを載せた一皿など。13番通りにある**バルブッツォ**は、素朴な地中海料理を楽しむ人々で賑わう。

INSIDER TIP

フィリー名物のサンドイッチ、ホーギーに挑戦しよう。おすすめはイタリアンマーケット地区の真ん中にある「パエサノス」のボロネーゼ。ラザニアと目玉焼きのコンビネーションがたまらない。

ケベック

州都ケベック・シティはおとぎの街だ。魅力あふれる街並みと生まれ変わった旧港で、人々は末永く幸せに暮らすのだ。

ケベック発祥の地

街歩きのスタート地点は、やはりケベックが生まれた場所、**ロワイヤル広場**（フランス人27人が初めて入植した場所）だ。広場には、石灰岩の壁が特徴的なノルマン様式の家々が立ち並ぶ。その急勾配のスレート屋根は薄緑色やワイン色に塗られている（白一色の冬の間も、セントローレンス川の船の上から一目で我が家を見つけられるようにと塗装されたのが始まりだ）。

珠玉の建築

プチシャンプラン地区を散策しよう。急勾配の**首折れ階段**を上り、サンルイ通りに沿って歩いて行くとネオフレンチルネサンス様式のケベック州議事堂が見えてくる。

歴史を刻む草原

エイブラハム平原に行ってみよう。約103万平方メートルの広大な草地は1759年に英軍がフランス軍を破り、カナダ誕生のきっかけとなった場所だ。公園の中にある**ジャンヌ・ダルク庭園**はきめ細やかに手入れされている花壇。アメリカニレに囲まれ、春には読書を楽しむのに格好の場所となる。

ケベックでひときわ目立つホテル、
シャトー・フロンテナック。

レストラン「イニシアル」は地元特産の食材を使った料理を提供する。

アンティーク地区

サンポール通りはまるでパリの路地裏のようだ。愛らしい店が石畳の舗道を彩るように軒を連ねる魅力的な小道だ。懐かしい木の床の香りにつられてアンティーク好きの人々が集まってくる。この**アンティーク地区**の数ある店の中でも特に活気があるのが、家庭用品のアンティークを扱う「マシャン・シュウェット」だ。年代物のバター入れ（革で包まれフットレストに生まれ変わった）や黒板が並ぶ。

ケベックが誇る老舗を覗く

サンジャン通りはケベック随一のフレンチグルメ御用達の通りだ。この街の住人が大好きなもの、それは恋と御馳走だ。**J・A・モワサン**は北米で最も古い食料品店だけあって、錫《すず》のパネル張りの天井がレトロだ。ピクニック用のおいしそうな食品（サラミ、パテ、ケベック名物の甘い飲み物、アイスシードルなど）がずらりと並んでいる。本物の美食家なら**エピスリ・オーロペアンヌ**へ行こう。熟練職人が生乳から作る濃厚なチーズが揃っている。甘党なら**ショコミュゼ・エリコ**がおすすめ。チョコレート博物館もあるチョコレートショップで、全商品を店内で手作りしている。カロリーを気にせずに楽しむなら、古本と家具を売る店「ル・タン・ルトルーベ」に向かおう。フランス文学の名作に匹敵するような、素晴らしい体験に出合えるだろう。

農場からテーブルへ

ケベックで最高のレストランは、まちがいなく**パナシュ**だ。石造りの壁、練鉄製の階段、そして女性作家コレットの寝室にありそうな深紅のクッションが重ねられたソファ。パナシュのシェフ、ジュリアン・デュマが創り出す豪華な料理には、ポルトヌフ産の仔牛肉やアミガサタケ、ヒラタマネギ（ニンニクの一種）など伝統的なケベック産の食材が使われている。美しいビューポール界隈にあるレストラン、**ローリエ・ラファエル**は、テレビ出演や料理本の出版などで活躍する有名シェフ、ダニエル・ベジナの本拠地。ベジナのメニューは地元農家への感謝のしるしだ。昔ながらのフレンチビストロをお望みなら、「ル・カフェ・ドゥ・クロシェ・パンシェ」がおすすめ。キャセロール料理が絶品だ。

デュトレゾール通りでは野外ギャラリーで地元のアート作品を販売している。

夜の散歩道

ディナーでお腹一杯になった後の散歩も予定に入れておこう。ランパール通りに沿って歩けば要塞からの眺めが堪能できる。セントローレンス川沿いのロマンチックな散歩を楽しむのもいいだろう。**バサンルイーズ**からスタートして、対岸の町レビに渡るフェリー乗り場まで歩こう。

ナイトキャップ

ケベックで最も賑やかな夜の街はグランアレだが、騒がしい若者達に交ざって飲むのが嫌なら、活気を取り戻したカルチェ・サンロックにある、**ル・ブドワール**に向かうのがおすすめ。しゃれた小部屋（ブドワール）は静かなひとときを約束してくれる。同じくサンロックに「ラルゴ・レストクラブ」がある。マティーニを傾けながらジャズライブを楽しもう。

INSIDER TIP 秋、紅葉の季節に、ケベックは最も美しい時を迎える。レッドメープル（アメリカハナノキ）、サトウカエデ、ギンヨウカエデなどが色づいて、街は燃えるような色彩に包まれる。

BILL HEINSOHN/GETTY IMAGES (CITY, PRECEDING PAGE), RESTAURANT INITIALE-QUEBEC (FOOD), BRIAN SUMMERS/FIRST LIGHT (PEOPLE)

WORLD'S BEST

クラシックカフェ

歴史は物語を秘めたカフェで紡がれる

■ セントラル・カベハズ
ハンガリー、ブダペスト
1887年の開店以来、この上品なカフェはブダペストの喧騒を逃れてくる知識人たちのたまり場として賑わってきた。20世紀初頭の大きなテーブルの上には、iPadではなくインク壺が置かれ、ヨージェフ・キシュやミハーイ・バビチといった著名な文化人が常連客だった。

■ カフェ・トルトーニ
アルゼンチン、ブエノスアイレス
1858年の開店以来、このアルゼンチン最古のカフェは文化を育む場となってきた。一人のフランス人が故国のコーヒーハウスを再現しようと始めたのがトルトーニだ。ギャラリーのような店内は高い天井を支える柱が並び、ステンドクラスが取り囲み、琥珀色の光にあふれている。ブエノスアイレス生まれの作家、ホルヘ・ルイス・ボルヘスはこのカフェの常連だったし、アルバート・アインシュタインがアルゼンチンの伝統菓子アルファフォーレスを初めて食べたのもこの店だ。

■ ラッフルズホテルのロングバー
シンガポール
天井で回るファン、ラタンの椅子、キャンディーのようにカラフルなカクテル──熱暑を忘れさせる涼しげな佇まいに、マレーシアにプランテーションがあった時代の情景が蘇る。ここはカクテル「シンガポールスリング」発祥の地として有名だ。バーテンダー、厳崇文(勤務していたのは1910～15年)の創作という。が、ヘミングウェイ、キップリング、モームなど、ここでグラスを傾けた著名作家の名前こそが、バーの歴史に輝きを添えている。

■ アンティコ・カフェ・グレコ
イタリア、ローマ
タキシード姿のウェイター、深紅のダマスク織の壁布に金色の装飾、壁にかけられたおびただしい数の鏡。そこには、スペイン階段にほど近い華やかなコンドッティ通りに創業した1760年当時そのままの、優雅な時代の空気が漂う。このカフェの長い歴史には、ローマの休日を求めてここを訪れ、旅の疲れを癒したゲーテ、ディケンズ、キーツなど偉大な作家たちが名を連ねる。

■ カフェ・セントラル
オーストリア、ウィーン
当時ウィーンの知識人たちのたまり場だったこのカフェは、シャンデリアがきらめくボールト天井の下、ロシアのマルクス主義者ウラジーミル・レーニンとレフ・トロツキーが革命の謀議を重ねた場所だ。1876年創業以来、歴史の舞台となってきたこのカフェも、今は金箔の装飾が美しい円柱が並ぶ店内に柔らかな光があふれ、リンツァートルテやザッハトルテが並ぶショーケースは幸福に満ちている。

■ エル・フィシャウィ・コーヒーショップ
エジプト、カイロ
水タバコの紫煙たなびく鏡のカフェ。14世紀の雰囲気を伝える市場、ハンハリーリ・バザールの迷路のような路地にあるこのカフェは、200年以上もの間、人々の憩いの場として親しまれている。格子縞のアーチと錫製ランプの下では、湯気の立つ熱いミントティーや濃いコーヒーのグラスが忙しく行き交い、しんちゅうのテーブルが揺れる。店内はアプリコットフレーバーのシーシャ(水タバコ)を水キセルでふかす人たちで賑わう。

■ ル・プロコプ
フランス、パリ
ジャン・ポール・サルトル、シモーヌ・ド・ボーボワール、そして「失われた世代(ロストジェネレーション)」の作家たちの共通点は何だろうか？　それは、セーヌ左岸のカフェを熱狂的に崇拝していたことだ。左岸のカフェといえばパリ6区のコーヒーハウス、例えばアーネスト・ヘミングウェイなら「ドゥマゴ」、ギヨーム・アポリネーなら「クローズリー・デ・リラ」だが、すべて元をたどればパリ最古のカフェ「ル・プロコプ」に行き着く。この1686年創業のカフェはボルテールやビクトル・ユーゴー、トマス・ジェファーソンといった顔ぶれで賑わった。

(文　ジョージ・W・ストーン)

EDDIE GERALD/LAIF/REDUX

100年以上の間、ブダペストのセントラル・カベハズは作家や芸術家たちの溜まり場となってきた。

ナボナ広場には毎晩のように多くの人が集まってくる。カフェ「ムゼオ・アテリエ・カノーバ・タドリーニ」では、彫刻に囲まれてお菓子とコーヒーを楽しむことができる（次ページ）。

ローマ

ヨーロッパ最古の都市の一つ、永遠の都ローマ。
ここには目を見張るような建築と一級の美術品が揃っている。

BOB KRIST

バチカンにあるサンピエトロ大聖堂に光が差し込む（左写真）。大聖堂前のサンピエトロ広場には、日々大勢の人が訪れる（右写真）。

名高い泉

トレビの泉は、ローマ最大を誇るバロック式の噴水だ。かつては古代ローマ水道の一部施設に過ぎなかったが、彫刻家ニコラ・サルビによる華麗な彫刻によって生まれ変わった。たくましいトリトン御する海馬に引かれた戦車と、それに乗るギリシア神話の海神オケアノスの像を見れば、ローマ時代の暮らしを称えずにはいられない。訪れる人はみな泉の縁に近付き、再びローマに戻れるよう、後ろ向きにコインを投げ込む。

スペイン階段

スペイン広場には、ヨーロッパ一の長さと幅を誇る階段がある。元はフランスの提案で作られたこの階段を上っていくと、トリニタ・デイ・モンティ教会にたどり着く。「スペイン階段」という名になったのは、近くにスペイン大使館が移ってきてからのこと。かつては芸術家たちのたまり場だったこの階段は、今は学生や観光客、似顔絵描きで賑わっている。

ロマン派の詩人に捧げる詩

1821年、英国の詩人ジョン・キーツはスペイン広場そばの住まいで亡くなった。現在は**キーツ・シェリー記念館**へと変わったこの建物は、ロマン派の詩人たちを称える密やかな聖堂となっている。結核で死の床についていたキーツは、寝室の窓から外を眺め、通り過ぎるヤギの群れや、彫り物師やモザイク職人の働く様子をじっと見つめていた。

コンドッティ通りをそぞろ歩く

スペイン階段の下から始まる品の良いショッピング街、**コンドッティ通り**には、ブルガリやフェラガモのような高級ブランドが立ち並ぶ。かつてはバイロンやスタンダールも通った「アンティコ・カフェ・グレコ」に入れば、お洒落な地元の人たちとカウンターで肘を突き合わせながらエスプレッソを飲むことができる。

古代ローマの神殿

古代ローマの建造物の中でその原型を最も留めているのが**パンテオン**だ。ローマの神々を祀る神殿として設計されたこの巨大なドームは、紀元125年にハドリアヌス帝の命により造られた。その後破壊を免れたの

ALBERT MOLDVAY (INTERIOR), BOB KRIST (EXTERIOR)

は、7世紀にキリスト教の聖堂となり、保護を受けたためだ。かのミケランジェロも、サンピエトロ大聖堂のドームを設計する前にここを訪れ、ドームとオクルス（ドーム頂上部にある目のような穴）を研究している。雨の日にここに足を運べば、オクルスから雨が降り注ぐ光景を目にすることができる。

ボルゲーゼのバロック

ローマでも最高の美術コレクションを持つ**ボルゲーゼ美術館**は、ローマ最大の広さを誇るボルゲーゼ公園の中にある。かつてボルゲーゼ家の別荘だったこの建物を訪れれば、ベルリーニ、カノーバ、カラバッジョらの作品に出合うことができる。

バチカンの大聖堂

カトリック教会の総本山、**サンピエトロ大聖堂**は、それ自体が驚くべき芸術作品と言え

デリカテッセンに行けば、必ずパニーニが売られている（上写真）。夜のトレビの泉に観光客が集まる（下写真）。

る。外部の柱廊と、「教皇の祭壇」を覆う高さ28メートルのブロンズの天蓋「バルダッキーノ」は、バロックを代表する彫刻家の一人、ジャン・ロレンツォ・ベルニーニの設計によるもの。もちろん、ミケランジェロの有名な彫刻「ピエタ」も見逃せない。聖ペテロ像のそばを通るときには、幸せの訪れを願って、そのすり減った右足に触れることをお忘れなく。

さあ召し上がれ！

カルボナーラが食べたくなったら、モンティ地区のコロッセオ近くにひっそりと店を構える**ラ・タベルナ・ダ・トニーノ・エ・ルチア**へ向かおう。店の壁はコルクで覆われ、メニューは常に変わらない。分厚いステーキもこの店の名物だ。予算に糸目は付けぬというなら、ローマのグルメ評論家、フランチェスカ・アリアタ・ブロンネルがすすめる「ラ・ペルゴラ」の素晴らしい料理をぜひ味わってほしい。

INSIDER TIP レストランで渡されるメニューは、たいていが観光客向け。心得のある常連客は、新鮮な食材を使った日替わりメニューを注文する。

DAVE YODER

ローマでは食事も楽しみの一つ。遺跡を眺められるテラス席は特等席だ。

PACIFIC PRESS SERVICE

WORLD'S BEST

庭園を散策する

都会の喧騒から逃れ、緑のオアシスで一息

■ **東福寺**

日本、京都

13世紀に建立され、京都五山の一つとして知られる東福寺は、伝統的な禅宗の枯山水と現代の美意識が融合する場所だ。禅寺の三門としては日本最古のものであるこの寺の門は、石と苔を市松模様に配した北庭や、秋の美しい紅葉で有名な通天橋に通じている。

■ **エルサム宮殿と庭園**

英国ロンドン

ヘンリー8世が幼少期を過ごした14世紀の王宮の跡に、美しいアールデコ様式の館が立っている。その周りに広がるエルサム庭園は、中世的な背景と1930年代の様式の見事な融合を見せる。サウスロンドンにあるこの7.7万平方メートルの庭園には、美しい模様を描くハーブガーデンの爽やかな香りが漂い、典型的な英国式のバラのサンクガーデンのそばには、珍しい日本のダイダイが植えられている。

■ **バハーイー庭園**

イスラエル、ハイファ

イスラエル北部の港町ハイファを見下ろすカルメル山。その山腹に広がるバハーイー庭園の階段を巡礼者たちが上っていく。ヨーロッパとペルシャの様式が融合した幾何学模様の花畑が、19段の庭園を彩る。ユネスコの世界遺産に登録されたこの庭園の一番上には、金のドームを戴くバーブ廟がさんぜんと輝き、地中海とガリラヤの丘を見下ろしている。

■ **ヘレンハウゼン王宮庭園**

ドイツ、ハノーファー

バロック時代に造られたヘレンハウゼン王宮庭園には、棍棒を振りかざすヘラクレス像を始め、華やかな彫刻がそこここに立ち並ぶ。訪れた人たちは、美しい模様を形作る生垣の間を散策し、巨大な噴水に目を見張る。屋外ステージでは演劇やコンサートが行われ、古の洞窟の中にはユニークなタイルのモザイクが施されている。2013年1月から、庭園の目玉であるヘレンハウゼン城に再び入ることができるようになった。

■ **ドバイ・ミラクル・ガーデン**

アラブ首長国連邦、ドバイ

オープン間もないドバイ・ミラクル・ガーデンは、砂漠の気候をものともせずに4500万本以上の花が咲き誇る、世界最大の立体的な庭園だ。カラフルな花のドームやハート形のアーチに彩られたこのサイケデリックなおとぎの森は、排水を再利用した点滴灌漑によって砂漠の中に生み出された(夏季の数カ月間は閉園)。

■ **デザート・ボタニカル・ガーデン**

米国アリゾナ州フェニックス

57万平方メートルの広さをもつこの砂漠のオアシスでは、乾燥地の植物が5万株以上も育てられており、テーマ別に分かれた5つの遊歩道を歩けば、生物の保全やソノラ砂漠に住む人々の文化について学ぶことができる。園内にあるレストラン、ガートルードでは、産地直送の食材を使った料理を楽しむことができる。

■ **ガーデンズ・バイ・ザ・ベイ**

シンガポール

18本の巨大な人工の木「スーパーツリー」が緑の庭園に影を作る。政府の出資でマリーナ湾に接する埋め立て地に造られたこの庭園は、シンガポールを“ガーデンシティ”へと変身させた。エネルギー効率の高いドーム型の2つの温室は2012年世界建築フェスティバルで最優秀賞を受賞しており、冷却にはこの未来の森で集められた雨水が利用されている。

(文　クリスティーン・ベドナシュ)

ETERNITY IN AN INSTANT/GETTY IMAGES

シンガポールのガーデンズ・バイ・ザ・ベイにそびえるスーパーツリー。

サンフランシスコ

**米国西海岸を代表するグルメやファッションの発信地は、
絵になるスポットがいっぱい。**

グルメたちの天国

エンバカデロ通り沿いにある**フェリー・ビルディング・マーケットプレイス**をぶらついてみよう。1898年に建てられ、その後修復工事を経たこの建物の中では、地元の食材がふんだんに売られている。チーズ専門店の「カウガール・クリームリー」、豚肉加工品の「ボッカローネ・サルメリア」、農場の実りを届ける「マキボイ・ランチ・オリーブオイル」を始めとして、40の店やカフェが並ぶ。お腹が空いたら、ベトナム料理で有名な店「スランティッド・ドア」の姉妹店「アウト・ザ・ドア」の揚げ春巻きを頬張ってみるのもいい。「チャオベッラ」では、30種類のフレーバーの中からジェラートを選ぶことができる。土曜と火曜には、市のガイドによる無料のツアーが行われる。

丘に登る

テレグラフヒルの急な坂を上れば、頂上には高さ64メートルの**コイトタワー**がそびえる。この塔は、19世紀の裕福な慈善家のリリー・ヒッチコック・コイトに捧げられている。リリーは消防士姿で消防車に同乗していたという。コイトタワーの中に入ると、1階の壁には色彩豊かな壁画が広がる。1930年代に公共事業促進局の支援のもと、不況にあえぐ貧しい芸術家たちが描いたものだ。

美術館でちょっと一息

1895年に設立された**デ・ヤング美術館**は、スイスの建築家ユニット、ヘルツォーク＆ド・ムーロンの設計で2005年にリニューアルオープンした。そのコレクションは、17世紀以降の米国美術からアフリカや太平洋諸島の芸術作品に至るまで多岐にわたる。2014年

KRISTA ROSSOW

フォートメイソンセンターの移動式屋台で軽食を調達するダニエル・スコット。
アラモスクエアパークの向かいには、「ペインティッド・レディース」と呼ばれるビクトリア様式の家が並んでいる（左ページ）。

2月1日～6月8日に、サンフランシスコ・オークランド・ベイブリッジの東半分の架け替え工事の完了を記念して、橋の建設を記録した写真展が開かれている。

都会のオアシス

ゴールデンゲートパークはニューヨークのセントラルパークよりもさらに広く、その敷地は4平方キロメートルに及ぶ。『サンフランシスコを歩く』の著者、トム・ダウンズによれば、「数えきれないほどの遊歩道があって、心安らぐ庭園や、1967年にヒューマンビーイン（人間性の回復を求める人々の集会）が"サマーオブラブ"を始めたポロフィールドなどに通じている」。

アルカトラズへ渡る

最初は米国西海岸の灯台、後にはかの悪名高き連邦刑務所として使われた（1963年まで）**アルカトラズ島**へ渡るには、フィッシャーマンズワーフからフェリーに乗る。昼間ならガイドなしのオーディオツアー、夜はガイド付きツアーを利用するのがおすすめだ。

幸運を見つけにいこう

チャイナタウンの裏通りを探検してみよう。ウェイバリー通り沿いの建物の4階にあるティエンハウテンプル（天后古廟）は1853年に作られたもので、お参りに訪れる場所としてはこの界隈で一番古い。ロスアレーにある店、「ゴールデンゲート・フォーチュンクッキー・ファクトリー」にも、ぜひ足を運んでほしい。

ノブヒルのフェアモントホテルから、トランスアメリカピラミッドを望む。

ミッション地区で宝探し

サンフランシスコのラテンアメリカ系コミュニティの中心にあるのが、独創的な店が立ち並ぶ**ミッション地区**。海賊グッズ専門店の「826バレンシア」は、作家のデイブ・エッガーズが地元の子供たちの文章力を育てる手段として始めた店だ。「パクストンゲイト」が扱っているのは、植物、剥製、ギフト用品。ゴシック風の店内には、恐竜の歯やガラスケースに入った空色のチョウ、盆栽鋏のコレクションなどがずらりと並んでいる。16番街にある「サニームーン」は、サンフランシスコ生まれのデザイナーの店で、彼女の作る穏やかな色合いの服は市内でしか売られていない。バレンシア通りにあるラテンアメリカ系のインポートショップ「カーサボナンパク」では、手描きのブリキや民芸品、さらには「ルチャドール」のマスクまで売っている。ルチャドールはメキシコのプロレスラーで、派手な下地に銀や金で隈取りを施したマスクをかぶってリングに上がる。

おいしいものを食べに

サンフランシスコの地元料理を食べるなら、マーケット通りにあるジュディ・ロジャースの**ズニカフェ**がおすすめだ。人気のメニューは、2人前のシーザーズサラダとローストチキン。もっと違うものを試したいなら、セロリとパルメザンチーズを添えた自家製アンチョビを注文するといい。ランチには、お洒落な「バー・タルティーヌ」へ行こう。評判のパンで作ったサンドイッチや、ピーナツバターとジャムを挟んだクッキーを楽しむことができる。

INSIDER TIP
ゴールデンゲートブリッジを見るのにおすすめの場所：南側を見るならフォートポイントから、北側を見るならビスタポイントから。

SUSAN SEUBERT

サンフランシスコの風景。皆がお世話になっているフェリービルディングの時計塔（左上写真）。サウスオブマーケットの「バー・アグリコル」では、ゴージャスなオリジナルカクテルと牡蠣を味わうことができる（右上写真）。霧に覆われたゴールデンゲートブリッジ（右下写真）。アウターサンセット地区にある店「アウターランズ」のダッチパンケーキには、イチゴとリコッタチーズがトッピングされている（左下写真）。

KRISTA ROSSOW

街を走る

街を走れば、その土地の素顔が見える

ゴールデンゲートブリッジが見えるサンフランシスコのジョギングコース。

■ 米国カリフォルニア州サンフランシスコ

エンバルカデロからマリーナグリーンパークまで

海沿いのエンバルカデロ通りを北西に進もう。ピア39でアシカたちに挨拶し、有名なフィッシャーマンズワーフを過ぎると、賑やかなフォートメイソンに出る。イトスギに縁どられたゴールデンゲートブリッジを望めば、急な坂道を上る苦労も報われる。日当たりのいいマリーナグリーンパークに着いたら、緑の芝生に腰を下ろそう。さらに頑張りたい人は、クリッシーフィールドを抜け、ゴールデンゲートブリッジを渡ってもいい。

■ 英国ロンドン

ケンジントンガーデンとハイドパーク

隣り合った2つの公園を走る気持ちのいいコース。ウィリアム王子とキャサリン妃の住むケンジントン宮殿の前から、バラ香る木陰のコースがスタートする。夏の遊泳場として人気のあるサーペンタインレイクの脇を抜け、世に訴えたいことがある人が立つスピーカーズコーナーを過ぎたら、最後にピーター・パンの銅像を見に行こう。この公園に妖精たちと住んでいた、J・M・バリーの小説の主人公に会いに行くのは、妖精物語の舞台のようなこのコースのラストを締めくくるのにふさわしい。

■ イスラエル、エルサレム

旧市街の城壁沿い

旧市街の城壁を囲む幅広い歩道は、理想的なランニングコースだ。ムスリム地区に面する北側のダマスカス門から、時計回りに進もう。キドロンの谷とオリーブの丘を左手に走ってから道は西へ向かい、嘆きの壁に一番近い南側の糞門を過ぎ、最後は西側のヤッファ門の前を通り抜ける。途中、屋台で売られている焼きたてのベーグルに誘惑されるかもしれないが、立ち止まらないこと。ジョギングを終えるまでベーグルは逃げないから。

■ オーストラリア、シドニー

ハーバーブリッジ周辺

シドニーオペラハウスからスタートして、歴史あるロックス地区を通り、ハーバーブリッジを渡るコースをとろう。高い橋の上から見る景色には、ここまで走ってくるだけの価値がある。セルリアンブルーの海に点在するヨット、遠くにはシドニーの街並みがくっきりと浮かび、輝く真珠のようなオペラハウスが見える。橋を渡ったら、レディーゴーリー展望台まで走ろう。岸に寄せる穏やかな海水に、しばし都会の喧騒を忘れることができる。

■ 米国ニューヨーク州ニューヨーク

リバーパーク

ロウアーマンハッタンを南北に延びるハドソンリバーパークを、ワールドフィナンシャルセンターまで南下すると、ところどころベンチの置かれた幅広い遊歩道「エスプラナード」につながる。現代彫刻や花咲く庭を楽しみ、子供と犬を連れたリッチなご婦人方や仕事に急ぐウォールストリートのビジネスマンとすれ違いながら道を進むと、やがて次第に海面に映る自由の女神が見え始め、とうとう最後には本物の女神像が姿を現す。

■ イタリア、ローマ

フォロロマーノ周辺

古代ローマの歴史を走るコースは、コロッセオからスタートする。フォーリ・インペリアリ通りを上り、かつてカエサルが足繁く通ったフォロロマーノの崩れた柱や壁を横目に、カブール通りに入る。さらに左に折れてセルペンティ通りに入ったら、クイリナーレ宮殿までまっすぐ走ろう。遠くに見えるサンピエトロ大聖堂までの眺めを楽しんだ後、ダタリア通りを進んでトレビの泉まで行く。もう一度ローマに来たければ、泉にコインを投げること。

（文　バーバラ・ノエ）

JORDAN SIEMENS/GETTY IMAGES

シドニー

港に行けば分かる、シドニーの魅力。

波止場から船に乗って

オーストラリアの最大の都市シドニーの中心、サーキュラーキー。ここはかつて、英国から囚人たちを乗せた船が到着する波止場だった。1788年に英国がオーストラリアを流刑植民地としたためだ。現在は、フェリーが頻繁に出入りし、活気に満ちている。フェリーに乗って、**コッカトゥー島**へ渡ってみよう。ここにはかつて監獄と造船所があったが、近年一般に開放されてシドニーの新たな人気スポットとなっている。島に上がったら、ユネスコの世界遺産に登録された建物群を見るもよし、コンサートを聴くもよし。夕暮れ時には、賑やかな「アイランド・バー」へ足を運ぼう。このバーの建物には、使用済みの輸送コンテナが使われている。

オーストラリアのアートを楽しむ

2012年3月、**シドニー現代美術館**が新棟を増築して新たにオープンした。新棟の窓からは港が見え、すっきりした展示スペースには、彫刻家のスティーブン・バーチやネオンアーティストのピーター・ケネディといったオーストラリアの著名な芸術家や、オノ・ヨーコ、ワンゲチ・ムトゥなどの世界の偉大な芸術家たちの作品が収められている。

ロックスへ行こう

初期のシドニーは、ロックス地区の周りに形成された。当時は石畳の路地で、海軍に

ハーバーブリッジに臨む「オペラ・バー」に集まってすごす。

1816年に開設したシドニー王立植物園は、広さ30万平方メートルある緑のオアシスだ。

シドニーで軽く食べようと思ったら、「ハリーズカフェ・デ・ホイールズ」（上写真）のミートパイから、チャイナタウンの「マリーゴールド・レストラン」の点心（下写真）まで、選択肢は幅広い。

強制的に徴用される不運な水兵の姿がしばしば見られた。現在では、週末に**ロックスマーケット**が開かれ、ブーメランなどのオーストラリア土産を探す観光客で賑わっている。金曜日にだけ開かれる**フーディーズマーケット**では、スパイスミックスや手絞りのオリーブオイルなどを手に入れることができる。かつて、タバコ、紅茶、小麦粉などを保管していたいわゆる「保税倉庫」には、現在はアートギャラリーやレストラン、バーなどが入っており、ロックスの夜の中心ともいえるバー「アーガイル」では、お酒を飲みながら生の演奏を聴くことができる。

アートシーンの中心地

かつて商業地区だったウォルシュ湾界隈は、シドニーのアートの中心地へと変貌を遂げた。劇場「ワーフ4/5」では、**シドニーシアターカンパニー**がオーストラリア独自の新作や古典作品を上演している。コンテンポラリーダンスが専門のシドニーダンスカンパニーは、バレエ、ジャズダンス、ヒップホップなどのクラスを開設している。

シップス・アホイ！

ダーリングハーバーには魅力的なレクリエーション施設が揃っている。その中の一つが、**国立海洋博物館**に展示されているジェームズ・クレーグ号だ。1874年建造の大型船で、世界でも数少ない19世紀のバーク船（3本以上のマストを持つ帆船）の1隻だ。

メンバーにもビジターにも開放されているボンダイ・アイスバーグ・クラブのオーシャンプールは、1世紀以上にわたってボンダイビーチのランドマークとなっている。

SUSAN SEUBERT

波に遊ぶ

マンリーの有名なサーフビーチへ行くフェリーは、シドニー湾をぐるりと巡って**マンリーワーフ**に到着する。ビーチでは、海水浴や、サーフィンのレッスンを楽しもう。カヤックをレンタルして、木々に覆われたマンリー湾の岬を回り、シドニーハーバー国立公園の静かな入り江まで行くこともできる。

メイド・イン・オーストラリア

40年の歴史をもつ土曜日開催のパディントンマーケットでは、水彩画やアンティークの銀器から、ユーカリ模様の子供服まで、ありとあらゆるものが売られている。**パディントン地区のオックスフォード通り**には、デザイナーたちが腕を競うブティックがいくつも並ぶ。ハンドメイドのジュエリーを作る「ダイナソーデザインズ」もその一つだ。近くのウィリアム通りには、「ニール・グリッグ・ミルナリ」や「ジバ」といった地元のファッションブランドが軒を連ねている。

夕暮れの中で一杯

サーキュラーキーのそば、シドニーハーバーブリッジが見える絶好のロケーションにある**オペラ・バー**には、夕暮れ時の一杯を楽しむために多くの人がやってくる。

話題の店に行ってみよう

キングスクロスにある「ガストロパーク」は、2011年の開店以来、食通たちの注目の的だ。高級レストラン「ピア」の料理長を務めたグラント・キングが生み出す、独創的な料理を味わえる。「パリパリの鱗付き魚のポテトピューレとイカのカリカリ揚げ添え、イカスミソースがけ」といった一皿だ。マレーシア料理店の「ママック」では、紙ほどの薄さにまで生地を伸ばし、折りたたんで鉄板で焼く姿を見ることができる。でき上がったパリパリのロティをココナッツカレーに浸して頬ばろう。

INSIDER TIP オーストラリアに来たからには、ぜひウールームールー湾のフィンガーワーフそばにある「ハリーズカフェ・デ・ホイールズ」へ行って、マッシュドグリーンピースとグレービーソースがたっぷりかかった名物のミートパイを食べてほしい。

マイアミ

ラテンアメリカへの入り口は、様々な文化が混ざり合う海辺のパラダイスだ。

パステルカラーの街

マイアミビーチの**アールデコ地区**は、20世紀の歴史地区としては初めて、米国の国家歴史登録財に認定された場所だ。800を数える歴史建造物のほとんどは、1923年から1943年の間に建てられている。凝ったフォルムのパステルカラーの建物には、ガラスブロックやクロームなどが用いられており、鈍く光る人造大理石の床や流線形のデザインが特徴的だ。目にも楽しい丸窓や船のような手すりが付いていることもある。ビーチ手前の5番通りとオーシャンドライブが交差するあたりから、北に向かってぶらぶらと歩き始めよう。6番通りと7番通りの間にあるパークセントラルホテルに注目してほしい。1937年に建てられ、1987年のリニューアルで、この地区で最初に往時の輝きを取り戻したホテルだ。かつてはクラーク・ゲーブルやリタ・ヘイワースといったハリウッドスターの定宿でもあった。

リンカーンロードを散策する

マイアミビーチの**リンカーンロード**は、オープンエア型のショッピングモールになっていて、歩道にはカフェのテーブルが並び、その脇を大道芸人や、自転車やローラースケートに乗った人などが通り過ぎていく。チェーン店が多いが、良い店もたくさんある。例えば、お洒落なライフスタイルショップの「ベース」や、「ブックス＆ブックス」のマイアミ店。アートギャラリーやシネコンもある。

サウスビーチにあるレストランのテラス席では、常連客が食事を楽しむ。

レストラン「タプタプ」のカラフルな店内では、ハイチのクレオール料理を楽しむことができる。

PHOTO CREDITS ARE HERE/TK

アートの楽しみ

南フロリダには素晴らしい美術館がたくさんあるが、マイアミが現代美術の中心となったのは、1996年に開館した**ノースマイアミ現代美術館**のおかげだ。チャールズ・グワスミー設計によるこの美術館では、講演会やジャズコンサートが開かれ、様々な講座が開かれている。また、デニス・オッペンハイム、アレックス・カッツ、ジュリアン・シュナーベル、オノ・ヨーコ、ホセ・ベディアといったアーティストの作品が収蔵されている。

ソテツの森

植物学者で冒険家のデイビッド・フェアチャイルドの名を冠した、**フェアチャイルド熱帯植物園**。ここは研究と教育に重点を置いた植物園で、世界有数のヤシとソテツの生体コレクションを持ち、熱帯植物の保全に取り組んでいる。

リトルハバナ

サウスマイアミアベニューとサウスウェスト107番通りの間をつなぐ「カリェ・オチョ（サウスウェスト8番通り）」は、活気あふれる**リトルハバナ**のメインストリートだ。リトルハバナは世界のキューバ人亡命者の間ではよく知られた所だが、現在は、キューバ人、ニカラグア人、ホンジュラス人など、カリブ海地域や中米から来た移民たちの住む街となっている。1960年代からニカラグア人の数が大幅に増えたため、リトルハバナ東部は今では**リトルマナグア**と呼ばれる。カリェ・オチョ沿いには、コーヒーショップや美容室、小さな食料品店、アートギャラリー、カリブ

サウスビーチでは、アールデコ様式の建物（上写真）を見るのも楽しみの一つ。リンカーン通りは行き交う人々を眺めるのにぴったりの場所だ（下写真）。

MATT PROPERT, NATIONAL GEOGRAPHIC CREATIVE (SOUTH BEACH, PRECEDING PAGE), BROOKS WALKER (RESTAURANT), COSMO CONDINA/GETTY IMAGES (BUILDING), MELISSA FARLOW (STREET SCENE),

地域の宗教儀式用品を扱う“ボタニカ”などが軒を連ねている。カフェやパン屋に入れば、皮の固いパンやグアバペストリーが手に入る。伝統的なキューバ料理が食べたかったら、「ベルサイレス」へ寄ろう。細かくちぎった牛肉を濃厚なクレオールソースで煮込んだ「ロパビエハ（古い服の意）」や、牛肉のポットローストにチョリソーを詰めた「ボリーチェ」を味わうことができる。

手付かずの自然が残る場所

エバーグレーズ国立公園は、米国に現存する広大な原野の一つだ。公園内には湿地や大草原があり、オキーチョビー湖とメキシコ湾の間には亜熱帯のジャングルが広がる。また、アメリカワニやフロリダパンサー、アメリカマナティーといった希少種や絶滅危惧種が何種類も生息しているが、研究者や冒険心旺盛な人でなければ、その姿を見ることは難しい。しかし、自転車や徒歩で園内を巡ることは誰でもできるし、エアボートのツアーを利用することも可能だ。**シャークバレー**には、24キロのループ道路をトラムで回る2時間のツアーがある。

ストーンクラブを食べに

マイアミといえばストーンクラブ。1913年の開店以来、**ジョーズストーンクラブ**でピンクと黒のハサミをしゃぶるのが、サウスフロリダのお約束となっている。10月15日～5月15日の間に、特製のクリーミーなマスタードをたっぷり付けたストーンクラブとジャガイモ料理を味わいにいこう。テイクアウトをお願いして届けてもらうこともできる。

INSIDER TIP
ビスケーン国立公園近くにあるブラックポイントマリーナで、泳いでいるマナティーを探してみよう。保護されたマナティーのいるマイアミ海洋水族館へ行ってもいい。

風光明媚なビスケーン湾をボートで巡るつもりなら（下写真）、お腹が空いた時のためにプランテンフライ（揚げバナナ）を持っていこう（上写真）。

CATHERINE KARNOW (BOTH)

ビーチを探せ

WORLD'S BEST

美しいビーチは気忙しい都会を忘れさせる

夕暮れ時のサンタモニカビーチでカヤックを楽しむ。

■スペイン、バルセロナ
目を見張るような建築の数々、最新流行の料理、活気あふれるナイトライフを楽しむことのできるバルセロナは、世界有数の都市だ。加えて、地中海沿いには白い砂のビーチが8つも並んでいる。メトロで行くことのできる全長1.6キロのバルセロナビーチは、特に人気のスポットだ。ビーチセンターでは、パラソルや椅子や自転車を貸し出している。

■南アフリカ、ケープタウン
夏涼しく過ごしやすいケープタウンは、冷たい大西洋と暖かいインド洋が出合う場所に位置し、20を数えるビーチを擁している。贅沢な家々と美しい夕日で有名なクリフトンビーチは、周囲を囲む山々によって、この地方特有の強い貿易風から守られている。さらに北のミルナートンやブローバーグは、風に恵まれた絶好のサーフィンスポット。家族連れには、海水が暖かく子供向きの潮だまりもあるフォルス湾が人気だ。

■米国ハワイ州ホノルル
19世紀にはハワイ王族ののどかな静養地に過ぎなかったホノルルのワイキキビーチだが、今では観光スポットが目白押しだ。中には、1901年創業のモアナサーフライダーホテルのように、長い歴史をもつ建物もある。ワイキキのスローな波はサーフィン初心者にとっては理想的だが、一般の海水浴客の大半は、ターコイズブルーの海につかってダイヤモンドヘッドの素晴らしい眺めを見れば満足できる。

■フランス、ニース
ベデザンジュ（天使湾）に面し、コートダジュール空港とロバカプ通りを結ぶ、プロムナード・デ・ザングレ（イギリス人通り）沿いには、プライベートビーチも含めて35のビーチがある。浜辺は滑らかな小石で覆われているので、ビーチサンダルを忘れないようにしよう。

■米国カリフォルニア州サンタモニカ
長さ5.6キロの広い砂浜に爽やかな海風が吹くサンタモニカは、進んだ場所というイメージも相まって、しばしばハリウッド映画の舞台に選ばれてきた。1920年代の映画スターやスターの卵たちはクラブ・カサデルマールでパーティーを開いたものだったが、今のセレブたちはシャッターズオンザビーチ・ホテルでパパラッチをかわしている。ビーチバレーに参加するのもいいが、太平洋の大波が砂浜に砕けるのをただ眺めているのも悪くない。

■ブラジル、リオデジャネイロ
ボサノバの名曲「イパネマの娘」を生んだ街、リオデジャネイロ。40キロの海岸沿いには、賑やかなビーチが並ぶ。巨大なキリスト像に見守られながらリオっ子たちが気ままにぶらぶらするコパカバーナ海岸や、その隣のイパネマ海岸が有名だ。連なるビルが生み出すスカイラインと双子の岩山ドイス・イルマンスが街の景色を縁どっている。

■イスラエル、テルアビブ
地中海のマイアミともいうべきテルアビブは、宗教的なエルサレムに対して享楽的な雰囲気が漂う街だ。地域紛争に無関心なテルアビブの住民たちを「バブル」の中に住んでいる、と表現することもある。その「バブル」の中では、カフェやクラブが夜明けまで開いており、昼になれば、活動の中心は街からすぐ近くの長さ13キロの砂浜へと移る。

（文　マーガレット・ロフタス）

GRANT FAINT, GETTY IMAGES

ウィーン

ドナウ川沿いのロマンチックな都市は、
華麗なヨーロッパ的魅力と歴史ある豊かな音楽で世界の人々を引き付ける。
しかし、この都市の魅力は今や伝統だけに留まらない。

伝統通り、ウィーン国立歌劇場の
舞踏会でワルツを踊る若い男女。

19世紀に開館した美術史博物館の芝生は、ピクニックには絶好の場所。

宝物殿をハシゴする

ミュージアムクォーターは、元々王室の厩舎があった場所に文化施設が集まった地区で、3つの現代美術館のほか、スタジオ、カフェなどが並んでいる。この地区のディレクターを務めたウォルフガング・ワルトナーによると、「ここは市民の暮らしの場」なのだそう。ワルトナーのおすすめルートを紹介しよう。「美術史博物館からスタートして、ルネサンス時代の素晴らしい絵画を堪能して下さい。次に、世界最大のグスタフ・クリムトのコレクションがあるベルベデーレ上宮まで足を延ばしましょう」。最後を締めくくるのは、やはり**ホーフブルク宮殿**だ。ハプスブルグ家の様々な宝物が収められている。この宮殿で一番驚かされるのは、熱帯のチョウを集めた「蝶の館」だろう。

INSIDER TIP リングシュトラーセ（環状道路）に囲まれた第1区を巡るなら、徒歩で回るか、1番か2番の路面電車に乗ろう。

リピッツァー種の気品

16世紀以来、ウィーンの顔を務めてきたのは、堂々たる白い雄馬たちだ。ホーフブルク宮殿内の**スペイン乗馬学校**で、伝統的な馬術の訓練を受ける彼らは、複雑な動きをこなし、舞うように跳ぶ。乗馬学校の公演のチケットは売り切れてしまうことが多いが、朝の調教なら到着順で見学できる。

気の利いた物を手に入れるには

お洒落な第4区にあるシュライフミュールガッセ通りには、「ゲオルクケーグル」を始めとして多くのギャラリーが集まり、本屋とカフェが一緒になった「バベッツ」のような個性的な店も並ぶ。小さなブティックが軒を連ねるリンデンガッセ通りへも足を運んでほしい。また、オッタクリンク地区の**イッペンプラッツ広場**に行くのもおすすめだ。巨大なマーケットに姿を変えたこの場所の周りには多くのカフェが集まっており、土曜日ごとに若手デザイナーの作品を展示する「イピッヒ」というショールームもある。

コーヒーハウスへようこそ

19世紀、ウィーンのコーヒーハウスは市民みなが集まるくつろぎの場だった。芸術家たちは、寒くて狭い自分のフラットを逃げ出し、暖かいカフェに入り浸った。現在でも、ウィーンっ子たちにはそれぞれお気に入りのカフェがある。英国人ガイドのダイアン・ナール・エルフィーの行きつけは**カフェシュ**

CATHERINE KARNOW (MUSEUM, TORTE, ARENA), LEONARD FOEGER/REUTERS/CORBIS (DANCERS, PRECEDING PAGE)

ペール。「いまだにビリヤード台を置いているし、各国の新聞も揃っていて、古い伝統を感じさせるから」。甘いものに目がない人なら、メニューの中から「ドッペルトシュラーク（ダブルクリーム）」を注文しよう。コーヒーというよりはむしろホイップクリームというべき飲み物が登場する。

シェフの特製料理を食べに

緑の木々に覆われた**市立公園（シュタットパルク）**の真ん中にあるのは、レストラン「シュタイラーエック」。ここでは手の込んだメニューがレシピカード付きで登場する。1階は、乳製品を扱うビストロ「マイアライ」で、壁の一面には牛乳瓶がずらりと並び、焼き立てのシュトルーデル（リンゴなどを巻き込んだパイ風菓子）が次々と出てくる。ディナーに行くなら、フードジャーナリストのフローリアン・ホルツァーが一押しする「プファールビルト」に。「レストランと田舎のインが合わさったようなお店で、アンズタケの煮込みを添えたパーチを食べることができるし、必要とあればウィンナーシュニッツエルもメニューに載っている」

ウィーンお決まりのデザート、ザッハトルテ。チョコレートのスポンジケーキだ。

森を散策する

ウィーンの西に広がる**ウィーンの森**は、週末を過ごすのに絶好の場所だ。小道をたどれば、中世の修道院や城が姿を現し、ベートーベンが散歩の足を休めたというお気に入りの場所にも行き当たる。

ナイトライフを楽しもう

ウィーンにはゴージャスなクラブがたくさんあり、「ポーギー＆ベス」では、世界的なジャズミュージシャンの演奏を聴くことができる。**ドナウ運河**に係留された2艘の小型船「バーデシフウィーン」には、バー、レストラン、クラブが入っており、2階デッキにはプールもある（冬季は閉鎖）。ウィーンにはオペラハウスもいくつかあるが、時間に限りがあるときには、歴史あるウィーン国立歌劇場へぜひ。

スペイン乗馬学校の朝の調教風景。調教師がリピッツァー種の馬を訓練している。

ドレークホテルのカフェで、本を背におしゃべりと飲み物を楽しむ。

トロント

カナダ最大の都市は、洗練された都会として存在感を増しつつある。

カラフルな街を散策しよう

「**ケンジントンマーケット**は、様々な文化が息づくトロントという街を知るにはぴったりの場所」とトロントライフ誌の編集長サラ・フルフォードは言う。この場所は、1920年代にはジューイッシュマーケットと呼ばれ、ユダヤ系移民によって運営されていた。かつてはみすぼらしかった細い通り沿いに、メキシコの食品雑貨店、フランスのビストロ、ジャマイカのパン屋、チーズ専門店、果物屋、古着屋などが軒を連ねている。「マーケットに行くなら、歩行者天国になる日曜日がおすすめ」とサラ。「カーサ・アコレアナ・カフェに寄って、カフェラテを飲むといいわ」

プリズムの中の恐竜

2007年、ダニエル・リベスキンドの設計による**王立オンタリオ博物館**の新館がオープンした。その評価は大きく分かれたものの、トロントの文化に新風を吹き込んだことは確かだ。ガラスとアルミニウムでできた新館は「マイケル・リー・チン・クリスタル」と呼ばれ、プリズムのような5つの構造体からできている。内部には、自然史や世界の文化などを紹介した6つの常設展示コーナーがある。

自然と共に

「トロントの素晴らしいところは、都会と自然がすぐそばにあること。北米ではこういう街はすごく珍しいんですよ」。トロントを

SUSAN SEUBERT

舞台に小説を書いた、作家のスティーブン・マーシュは言う。トロントは谷の多い土地だが、折れ曲がった小道はジョギングを楽しむ人や散歩中の犬で賑わっている。しかしマーシュが好きなのは、地元の人でさえめったに訪れない、**レズリーストリート・スピット**という場所だ。オンタリオ湖に突き出した長さ4.8キロのこの土地は、かつてはゴミの埋め立て地として使われていたが、今では野生の花が咲き乱れ、300種以上の鳥の住む楽園となっている。「スピットはトロントの中でも最も素晴らしい場所の一つだし、トロントそのものを象徴する場所でもあります。ゴミ捨て場から始まった場所が、期せずして美しい土地へと姿を変えたのですから」

トロント島へ

　フェリーに乗ってトロント島へ行こう。2.3平方キロメートルの公園が広がり、サイクリングや徒歩での散策を楽しむことができる。最も美しいのはワーズ島。歩行者専用の道が通り、美しいコテージが並ぶこの島には、ネオヒッピー的な雰囲気が漂っている。

多様な文化が混ざり合うケンジントンマーケット界隈で見かける、ペイントを施されたカラフルな車。

センターアイランド行きのフェリーに乗れば、美しいトロントの街のスカイラインが目の前に広がる。

アートとトレンド

ウェスト・クイーン・ウェスト地区といえば、つい15年ほど前には、アルコールの空き缶が散乱し、薄汚れたモーテルや閉店した店が立ち並ぶ場所だった。しかし今や、トロントで最先端の店が集まる地域へと変貌を遂げている。写真を扱うスティーブン・バルガー・ギャラリーや、カナダ現代アート美術館などのアートスポットもあれば、上品なカジュアルレストランや、「ガールフライデー」や「フォーン」といったお洒落なブティックも揃う。

王立オンタリオ博物館の前で休む来館者。

世界の味巡り

トロント市内で世界中の食を巡るツアーも可能だ。ポルトガル料理レストランの**シアード**では、素晴らしいシーフード料理を満喫できる。ススール・リーが経営するアジア料理レストランの「リー」は、リーズナブルな価格で食事を提供している。19の食材を駆使したシンガポール風コールスローは人気の逸品だ。ジャミー・ケネディのカフェ兼ビストロ「ギリアッド」に行けば、地元トロントの味を楽しむことができる。蒸した牛肉のグレービーソースと熟成させたチェダーチーズをフライドポテトに絡めた「プーティン」も人気メニューの一つだ。

古き時代を取り戻す

かつて見捨てられたビルが並んでいた**ディスティラリー歴史地区**は、再開発を経たのち、歩行者天国の歴史保存地区へと生まれ変わった。ビクトリア様式の産業建築物では北米最大の規模を誇る。煉瓦を敷き詰めた趣ある道をぶらぶらしながら、ギャラリーやアーティストのスタジオ、地ビールレストランなどを覗いてみよう。

マーケットに行こう

セントローレンスマーケットは、1803年から開かれている伝統ある市場だ。1960年代から70年代にかけて再開発され、現在は土曜日に開かれるファーマーズマーケットでその名を知られている。このマーケットには、オンタリオ中から生産者が集まり、季節の農産物を持ち寄る。週のうち何日かだけ開かれるサウスマーケットには、120もの店が出店し、チーズや揚げたてのフィッシュアンドチップスなどを売っている。

INSIDER TIP レンタカーを借りるよりも、タクシーを利用しよう（市内のパーキングはいつも満車で評判が悪い）。渋滞に巻き込まれる心配はまずない。

SUSAN SEUBERT

WORLD'S BEST

子供が楽しめる街

子供連れで訪れたい大都市5つ

■ **米国ニューヨーク州ニューヨーク**

子供にだって、ニューヨークの見どころを紹介したい。まずはトップ・オブ・ザ・ロックへ向かおう。エンパイアステートビルを始め、マンハッタンの景色を一望のもとに見渡すことができる。自転車をレンタルして、マンハッタンのハドソン川沿いのグリーンウェイをサイクリングするのもいい。広さ3.4平方キロのセントラルパークに着いたら、お気に入りの場所を見つけよう(ここには子供用の遊び場が21もある!)。昔ながらのカウンター式の軽食屋「レキシントン・キャンディー・ショップ」では、麦芽入りフロートのような懐かしい飲み物を今でも飲める。

■ **英国ロンドン**

英国の首都ロンドンは、(英国人たちの言うとおり)素晴らしい所だ。なんといっても、シェークスピア、ディケンズ、そして若者に人気のワン・ダイレクションを生んだ街だし、本物の王子様も住んでいる。大観覧車のロンドンアイに乗れば、眼下に見えるのはテムズ川とビッグベン。ロンドン動物園の目玉は、最近オープンしたトラの展示エリアで、絶滅危惧種のスマトラトラ2頭のために特注プールが作られた。ワーナーブラザーズ・スタジオツアー・ロンドンでは、ハリー・ポッターの映画製作の舞台裏を覗くことができる。精密なセットも見どころの一つだ。森の中の散策もおすすめしたい。ただし、キュー王立植物園にある地上20メートルのエクストラータ樹上遊歩道の上を歩くこと。最後に少し背伸びをして、伝統あるレストラン「ウーズレー」で、正式なアフタヌーンティーをいただいてみよう。

■ **ハンガリー、ブダペスト**

東欧の中心地ブダペストは、家族連れにとって最高の場所だ。漁夫の砦からかの有名なドナウ川を見下ろせば、「美しく青きドナウ」のメロディが思わず口をついて出るに違いない。ゲッレールト・ホテルでは、「トルコのパシャ向けの熱々の温泉」につかろう。運転士以外は10～14歳の子供たちで運営している子供鉄道にも乗ってほしい。おやつに砂糖のたっぷりかかった伝統のチムニーケーキ(生地を棒に巻き付けて焼いた菓子で、形が煙突に似ているためこう呼ばれる)を食べれば、きっと幸せに包まれる。

■ **カナダ、オタワ**

首都といっても大らかな雰囲気の漂うオタワでは、やるべきことが山ほどある。リドー運河は四季を通じてオタワの活動の中心となっており、夏はボート、冬はスケート、そして天気のいい日には岸辺でのサイクリングを楽しむことができる。パーラメントヒルに登れば、のっぽの黒い毛皮の帽子をかぶった衛兵たちが並び、まるで英国にいるような気分になる。そこからオタワ川を挟んだ対岸に立つカナダ文明博物館に収められているのは、世界最大のトーテムポールのコレクションだ。ビーバーの尻尾という名前のお菓子「ビーバーテイル」を試してみよう。揚げたてのパンにシナモン、メープルバター、キャラメル、チョコレートシロップなどをトッピングしてある。

■ **日本、東京**

明かりがこうこうと照らす日本の首都、東京は、さながら巨大なテレビゲームの世界のようだ。秋葉原に行く人々のお目当てはたいていコミックショップだが、街のあちこちではかわいいハローキティの姿も楽しめる。道端の自販機では、バナナ、カップ麺などを売っているが、もちろんソーダも買うことができる。銀座では高さ90センチのゴジラ像を探してみよう。同じ銀座にある和菓子屋「あけぼの」では、イチゴや栗餡などの季節の味を包んだ大福を売っている。

(文　エイミー・アリピオ)

TOOGA/GETTY IMAGES

ニューヨークでは、何歳の子供でもタクシーなどの公共の交通機関で街を回ることができる。

エディンバラ

秋が訪れる頃、エディンバラの歴史地区は最も趣ある姿を見せる。

細い路地をたどって

「リアル・メアリー・キングス・クロース」は、**ロイヤルマイル**という現在の目抜き通りの地下に、疫病をふせぐ目的で1700年代に埋められてしまった路地や住居の跡だ。時代物の衣装に身を包んだガイドたちの案内で、商人の仕事場や住居を巡ろう。

聖なる場所

エディンバラ城内にあるセントマーガレット教会堂に、ぜひ足を運んでほしい。エディンバラで最も古いこのロマネスク様式の建物は、スコットランド王デイビッド1世が母であるマーガレット王妃に捧げたもので、1130年頃に建てられた。

村の静寂に憩う

エディンバラ・フェスティバルが開かれる8月には、スコットランドの人口は2倍に増える。人込みから逃れたいときには、**ディーンビレッジ**に向かおう。数世紀前には製粉の村として有名だった場所だ。ウォーターオブリース川沿いの遊歩道、リースウォークをぶらぶらと歩けば、レコードと本の専門店「エルビス・シェークスピア」のような、ユニークな店に行き当たる。

アーサー王の玉座に登ろう

エディンバラ中心部のホーリールード公園の中に、**アーサー王の玉座**という名の岩山がある。250メートルの高さを登り切れば、眼下にエディンバラの街並みとフォース湾が広がる。

ちょっと一杯

スコッチウィスキー・エクスペリエンスの

GERALD HAENEL/LAIF/REDUX

エディンバラ旧市街にある「サンディーベルズ」には、地元のミュージシャンたちが毎晩のように集まり、スコットランドの伝統的な音楽を演奏する。

カールトンヒルの上から、エディンバラの街並みを望む。

ツアーに参加して、ウィスキーの製造過程について学ぼう。専門家と一緒にウィスキーのテイスティングをすることもできる。ツアーの最後に訪れる店には、300種類以上のモルトウィスキーが並んでいる。

ドリーに会いに行く

チェンバーズ通り沿いに立つハチミツ色の砂岩でできた要塞のような建物は、**スコットランド国立博物館**。ここではスコットランドの歴史をたどることができる。「アーサー王の玉座」で発見された棺のミニチュア模型から、世界初のクローン羊ドリーの剥製に至るまで、幅広いコレクションを誇る博物館だ。

花の力

王立エディンバラ植物園は、一年を通じて訪れたい場所だ。イチイなどの針葉樹が茂るなか、シクラメンといった冬咲きの花々や、マレーシアシャクナゲが彩りを添える。冬の土手にはガマズミの花が揺れ、高山植物を集めた**アルパインハウス**そばの芝生はマンサクに囲まれている。

ハギスの他にも

地元で人気のフィッシュアンドチップス専門店が、ヘンダーソン通りの「ラルバドーロ」。勇気がある人は、メニューの中から「ハギス」を試してみよう。羊の心臓、肺、肝臓のミンチに、タマネギ、スパイス、オートミールを混ぜたスコットランド名物の詰め物料理だ。夜中にお腹が空いたら、ロイヤルマイルにある**ビーンズ・フィッシュチップ・ショップ**へ向かおう。チョコレートバーのフライが入る余地をちゃんと残しておくこと。インファーマリー通りの「マザー・インディアンズ・カフェ」では、小皿で出てくるインド料理をあれこれつまむことができる。コダラのスパイスホイル焼きとエビのチリソース焼きは最高だ。贅沢をしたかったら、ウォーターオブリース川沿いのレストラン、「マーティンウィシャート」へ行こう。この店では、キルブラナン産のエビ、グーズナー産のカモ、ファイン湖産のカニといった地元の食材を駆使して、ミシュランの星付きレストランの名に恥じない料理を出してくれる。

スコットランド音楽の夜

日が落ちたら、スコットランド生まれのミュージシャンやツアーでやってきた**バンドの演奏**を聴きに行こう。エディンバラには、ウィッスルビンキー、バンネマンズバー、ロイヤルオーク、サンディーベルズといった、生演奏を聴くことのできる場所がたくさんある。

丘に登って

エディンバラから南へちょっと足を延ばしたところに、**ペントランド・ヒルズ・リージョナルパーク**が広がる。街からすぐ近くにあるにも関わらず、ここには牧歌的な雰囲気が漂っている。ここでは人々がハイキングやサイクリングを楽しんでいる。

INSIDER TIP スコットランドの祭り「ホグマネイ」が祝われる大晦日には、エディンバラの人々がカールトンヒルの頂上に集まり、エディンバラ城から打ち上げられる美しい花火を楽しむ。

最高の休日
世界の美しい都市

ナショナル ジオグラフィック協会は、米国ワシントンD.C.に本部を置く、世界有数の非営利の科学・教育団体です。

1888年に「地理知識の普及と振興」をめざして設立されて以来、1万件以上の研究調査・探検プロジェクトを支援し、「地球」の姿を世界の人々に紹介しています。

ナショナル ジオグラフィック協会は、世界の39言語で発行される月刊誌「ナショナル ジオグラフィック」のほか、雑誌や書籍、テレビ番組、インターネット、地図、さらにさまざまな教育・研究調査・探検プロジェクトを通じて、世界の人々の相互理解や地球環境の保全に取り組んでいます。日本では、日経ナショナル ジオグラフィック社を設立し、1995年4月に創刊した「ナショナル ジオグラフィック日本版」をはじめ、DVD、書籍などを発行しています。

ナショナル ジオグラフィック日本版のホームページ
nationalgeographic.jp

ナショナル ジオグラフィック日本版のホームページでは、音声、画像、映像など多彩なコンテンツによって、「地球の今」を皆様にお届けしています。

2014年5月20日　第1版1刷

翻　訳　髙作 自子　片山 美佳子　小野 智子　山根 麻子
編　集　武内 太一　葛西 陽子
制　作　日経BPコンサルティング
発行者　伊藤 達生
発　行　日経ナショナル ジオグラフィック社
〒108-8646　東京都港区白金1-17-3
発　売　日経BPマーケティング
印刷・製本　大日本印刷
ISBN978-4-86313-276-4
Printed in Japan

Best City Weekends

Produced by the National Geographic Society

STAFF FOR THIS PUBLICATION

Norie Quintos Executive Editor
Susan O'Keefe Managing Editor
Jerry Sealy Creative Director
Daniel R. Westergren Director of Photography
Leigh Borghesani Deputy Art Director
Michele Chu Associate Art Director
David Rogowski Photo Editor
Margaret Loftus Writer
Amy Alipio, Katie Knorovsky Associate Editors
Christine Bednarz, Monika Joshi, Barbara Noe Contributing Writers
Jennifer Pocock Researcher
David M. Burneston Production Manager
Jeannette Kimmel Business Manager
Bruce MacCallum Manufacturing and Quality Management